महान् आविष्कारक
मार्कोनी

कुछ प्रमुख जीवनियाँ

महान् आविष्कारक मार्कोनी

सुशील कपूर

प्रकाशक
प्रभात प्रकाशन प्रा. लि.
4/19 आसफ अली रोड, नई दिल्ली–110002
फोन : 011–23289777 हेल्पलाइन नं. : 7827007777
इ–मेल : prabhatbooks@gmail.com ❖ वेब ठिकाना : www.prabhatbooks.com

संस्करण
2025

पेपरबैक मूल्य
दो सौ पचास रुपए

मुद्रक
नरुला प्रिंटर्स, दिल्ली

———————— ★ ————————

Mahan Avishkarak MARCONI
A biography by Sushil Kapoor

Published by **PRABHAT PRAKASHAN PVT. LTD.**
4/19 Asaf Ali Road, New Delhi-110002

ISBN 978-93-5048-407-4

₹ 250.00 (PB)

अनुक्रमणिका

1

आरंभिक जीवन

इटली के महान् आविष्कारक मार्कोनी ने एक बार फिर साबित कर दिया कि जिनके शब्दकोश में असंभव शब्द नहीं होता, वही अकल्पनीय चमत्कार कर सकते हैं। न कोई विज्ञान की बड़ी डिग्री, न शोध का प्रशिक्षण, न प्रयोगशाला की सुविधा, फिर भी मार्कोनी ने वह कर दिखाया, जो तत्कालीन बड़े-से-बड़े वैज्ञानिकों की राय में 'नितांत असंभव' था।

गुसेप मार्कोनी के दूसरे पुत्र, जिसे महान् आविष्कारक बनना था, का जन्म 25 अप्रैल, 1874 को प्रात: सवा नौ बजे बोलोग्ना में हुआ था। हालाँकि अप्रैल के अंतिम सप्ताह में वसंत की शुरुआत हो जाती है, फिर भी बोलोग्ना के पहाड़ी प्रदेश में उस साल काफी सर्दी थी। माता एनी को सर्दी बरदाश्त नहीं होती थी, अत: सर्दी के दौरान उसे पुत्र को जन्म देते समय काफी तकलीफ हुई। पर सबकुछ ठीक-ठाक हो गया। बड़े बेटे अल्फोंसो के जन्म के लगभग नौ साल बाद दूसरा पुत्र पाकर मार्कोनी दंपती की खुशी का ठिकाना न रहा।

गुगलेल्मो मार्कोनी का बचपन खाते-पीते परिवार के शांतिपूर्ण वातावरण में बीता। पिता गुसेप अपनी जमींदारी का प्रबंध बड़ी कुशलता

से करते थे और खर्च करते हुए बड़ी सावधानी बरतते थे। फिजूलखर्ची उन्हें कतई पसंद नहीं थी, जबकि जरूरत की किसी भी चीज की मार्कोनी परिवार को कमी न होती थी। उनके घर को देखकर भी इस बात का अंदाजा लगाया जा सकता था। उसमें हर चीज उपयोगिता को ध्यान में रखकर खरीदी गई थी, लेकिन सजावट या दिखावे के लिए कुछ भी खर्च नहीं किया गया था।

गुगलेल्मो की माता एनी जेम्सन को इस मामले में पति से विपरीत स्वभाव की कहा जा सकता है। सर्दियों की ठिठुरन दूर करने के लिए गरम सोतों में जाकर नहाने के लिए यात्राएँ करने के अलावा साल में एक-दो बार इंग्लैंड के चक्कर लगाना उनके लिए आम बात थी। इन यात्राओं में बड़े मार्कोनी तो नहीं जाते थे, पर एनी अपने बच्चों को साथ ले जाती थी। हालाँकि यह सब काफी खर्चीला होता था, पर मितव्ययी गुसेप मार्कोनी ने कभी विरोध नहीं किया। शायद वे इसे अपनी पत्नी के मानसिक और शारीरिक स्वास्थ्य के लिए आवश्यक समझते थे। या फिर अपनी पत्नी के प्यार के कारण चुप रहते थे, जिसने आयरलैंड से भागकर अपने परिवार की इच्छा के विरुद्ध उनसे विवाह किया था।

अपनी पत्नी के प्रति गुसेप मार्कोनी के विशिष्ट प्रेम का एक प्रत्यक्ष प्रमाण यह भी था कि उन्होंने विला ग्रिफोन के अपने पैतृक आवास के अलावा बोलोग्ना में भी एक घर लिया और उसमें सारी सुविधाओं का प्रबंध किया। उनका विचार था कि शायद शहर में पली-बढ़ी एनी को गाँव का वातावरण पसंद न आए, इसलिए एक घर शहर में भी होना चाहिए।

सर्दियों की शुरुआत होते ही एनी अपने दोनों बेटों को लेकर हर साल समुद्र तट के सुहावने मौसम वाले शहर लेगहार्न का रुख करती। वहाँ सुहावने मौसम के अलावा उसके लिए एक आकर्षण यह भी था कि उसकी बहन एलिजाबेथ अपनी चार पुत्रियों के साथ वहाँ रहती थी।

इसके अलावा एनी का इंग्लैंड जाने का कार्यक्रम रहता और जब मौसम अनुकूल होता तो वह स्वयं कहीं न जाकर अपनी बहन के परिवार को अपने यहाँ बुला लेती।

इसका अर्थ यह था कि साल भर या तो यात्राओं की या घर पर आनेवाले मेहमानों की गहमागहमी रहती। नतीजतन बालक गुगलेल्मो को स्कूल की विधिवत् पढ़ाई नसीब न हो सकी, पर उनकी माँ इस ओर से बेपरवाह न थी। उसे बच्चों की पढ़ाई का बहुत खयाल था। इसके लिए घर पर उन्हें पढ़ाने के लिए एक अध्यापक रख दिया गया था। यह उन दिनों आम बात थी। अच्छे खाते-पीते घरों के बच्चे अकसर स्कूल नहीं जाते थे। उन्हें पढ़ाने के लिए अध्यापक घर पर ही रख लिये जाते थे। अपने बच्चों को अंग्रेजी पढ़ाने की जिम्मेदारी स्वयं एनी ने अपने ऊपर ले रखी थी। चाहे कितनी भी व्यस्त क्यों न हो, वह बच्चों को नियमित रूप से पढ़ाती थी।

इसके अलावा गुगलेल्मो मार्कोनी के लिए अपना ज्ञान बढ़ाने के दो और साधन उपलब्ध थे। यात्राओं के कारण उसमें व्यवधान भले ही आता हो, पर वह स्कूल जाया करता था, जहाँ विविध विषयों से उसका आरंभिक परिचय हुआ। उसके पिता का एक निजी पुस्तकालय भी था, जहाँ बड़े मार्कोनी ने अनेक विषयों की पुस्तकें संगृहीत की हुई थीं। गुगलेल्मो को पढ़ने का शौक था। अतः समय-समय पर वह इनमें से अपनी पसंद की पुस्तकें पढ़ा करता। उसे यंत्रों और उपकरणों को समझने का बड़ा शौक था। घर में जो कोई उपकरण या मशीन होती, वह बड़े ध्यान से उसे समझने की कोशिश करता कि वह किस तरह काम करती है। विद्युत् तरंगों के प्रति भी उसकी रुचि बहुत थी। इस बारे में उसे जो भी साहित्य मिलता, वह उसे पढ़े बिना नहीं रहता था।

इस प्रकार स्कूली शिक्षा और उसके बाहर का ज्ञान यथासंभव प्राप्त करने के बाद गुगलेन्मो मार्कोनी ने 1866 में माध्यमिक स्कूल में

आगे पढ़ने के लिए प्रवेश लिया। यहाँ भी बालक मार्कोनी को स्कूली पढ़ाई के बजाय बाहर की बहुत सी चीजों में रुचि अधिक थी। जब उसकी स्कूली शिक्षा पूरी हो गई तो पिता गुसेप ने अपनी पत्नी की पसंद देखते हुए लेगहार्न में ही एक अच्छा सा घर किराए पर ले लिया, जहाँ वह अपने बच्चों के साथ रह सके। इस तरह बार-बार आने-जाने की परेशानी और खर्च भी बचता था। आगे पढ़ने के लिए गुगलेल्मो को यहाँ के एक निजी तकनीकी स्कूल में भरती करा दिया गया, ताकि वह अपनी रुचि के विषयों का अध्ययन कर सके। किसी भी पिता की तरह गुसेप भी चाहते थे कि उनका बेटा जमींदारी का प्रबंध करना सीखे, पैतृक कारोबार में दिलचस्पी ले और उनका सच्चा उत्तराधिकारी बने। उनके बेटे की विचित्र रुचियाँ उनकी समझ में नहीं आती थीं, पर उन्होंने कभी इसका बहुत विरोध नहीं किया।

बहुत छोटी उम्र से ही गुगलेल्मो को छोटे-छोटे प्रयोग करने का शौक था, जो उम्र के साथ बढ़ रहा था। उसके पिता को बेटे के ये व्यर्थ के शौक कभी अच्छे नहीं लगे, पर माँ एनी को लगता था कि उनका छोटा बेटा प्रतिभाशाली है। वह सदा उसका उत्साह बढ़ाती थी।

निजी तकनीकी स्कूल में अध्ययन के दौरान किशोर मार्कोनी सबसे अधिक भौतिकी के अध्ययन से प्रभावित हुआ। वहाँ से प्राप्त भौतिकी के इस ज्ञान का प्रयोग वह अपने बनाए घरेलू उपकरणों और प्रयोगों में किया करता। मार्कोनी अपनी स्कूली पढ़ाई में बहुत मेधावी नहीं था। आमतौर पर इसे किसी भी छात्र की कमजोरी या नालायकी ही माना जाता है। संभव है उसके बारे में भी ऐसा ही माना गया हो, लेकिन बाद में उसके जीवन की घटनाओं का विश्लेषण करनेवाले इस नतीजे पर पहुँचे कि यही उसकी शक्ति थी। उस उम्र में ही मार्कोनी का सारा ध्यान अपने लक्ष्य या शौक पर केंद्रित था। बाकी विषयों में वह अधिक रुचि नहीं लेता था। इसीलिए कुल मिलाकर उसका परीक्षाफल कभी अच्छा नहीं रहा।

माँ एनी ने कभी इसका बुरा नहीं माना। वह उसका सबसे लाड़ला बेटा जो था। उसने बेटे की पसंद को देखते हुए घर पर उसके विद्युत् भौतिकी के अध्ययन के लिए प्रोफेसर रोजा को नियुक्त कर दिया, जो उसे बड़े व्यावहारिक ढंग से पढ़ाती थीं। उनके दिशानिर्देशन में इस अतिक्ति अध्ययन के चलते, और अपनी दिन-रात की लगन के कारण मार्कोनी अपनी उम्र के किशोरों की अपेक्षा इस विषय के ज्ञान में बहुत आगे निकल गया। उसे विद्युत् भौतिकी के बारे में जो कुछ भी किसी लेख या किताब में मिलता, उसे पढ़ा करता और जो बात समझ में न आती, उसे अपने शिक्षक से पूछता। इसके साथ-साथ अपने उपकरणों को लेकर वह निरंतर प्रयोग भी करता रहता था।

उन्हीं दिनों में मार्कोनी ने अपने प्रयोगों के तहत एक अनगढ़ सा उपकरण बना डाला। उस यंत्र में जस्ते का एक नुकीला टुकड़ा लगा हुआ था। तूफान आने पर वह उपकरण वातावरण में उत्पन्न होने वाली प्राकृतिक विद्युत् को ग्रहण कर लेता था। इसे एक चक्र के साथ जोड़ने पर यह घंटी बजाता था। घरवालों या घर आए मेहमानों के लिए इसका महत्त्व किसी दिल बहलाने वाले तमाशे से ज्यादा न था, पर किशोर मार्कोनी को इसमें भावी संभावनाएँ नजर आ रही थीं।

उन दिनों संसार के अन्य भागों में भी वैज्ञानिक विद्युत् भौतिकी पर काम कर रहे थे। उनमें से कई उस समय के जाने-माने विद्वान् थे और उनके पास तत्कालीन सुविधाओं से युक्त प्रयोगशालाएँ थीं। स्कॉटलैंड के विख्यात भौतिकी वैज्ञानिक क्लार्क मैक्सवेल ने 1864 में विद्युत् चुंबकीय तरंगों के सिद्धांत का प्रतिपादन करके इस क्षेत्र में महत्त्वपूर्ण योगदान दिया था। उनके काम को आगे बढ़ाते हुए जर्मनी के विद्वान् हेनरिख रुडोल्फ ने इंडक्शन क्वाइल की मदद से आउटपुट टर्मिनल पर 10,000 वोल्ट का अंतर अपने प्रयोग में कर दिखाया। इटली के बोलोग्ना विश्वविद्यालय के भौतिकविद् ऑगस्तो रिगी ने शक्तिशाली आक्सीलेरेटर

और डिटेक्टर का आविष्कार किया। उनके प्रयोग ने साबित कर दिया कि विद्युत् चुंबकीय तरंगों और प्रकाश तरंगों की दीर्घता में अंतर होता है, पर वे एक ही तरह से काम करती हैं। कुछ और अनुसंधानों ने भी इस काम को आगे बढ़ाया। मार्कोनी इस पर निरंतर नजर रखे हुए था। उसने इस ज्ञान का यथासंभव उपयोग अपने प्रयोगों में करना जारी रखा। उसमें और उस दौर के वैज्ञानिकों में मौलिक अंतर यह था कि वे विभिन्न सिद्धांतों का प्रतिपादन कर रहे थे। कुछ अपने प्रयोगों से पहले के वैज्ञानिकों द्वारा स्थापित सिद्धांतों को सिद्ध कर रहे थे, लेकिन किसी ने उनके व्यावहारिक उपयोग की तरफ विशेष ध्यान नहीं दिया, जबकि मार्कोनी का सारा ध्यान उनके व्यावहारिक उपयोग पर केंद्रित था। इस दौरान केवल एक ब्रिटिश वैज्ञानिक सर विलियम क्रुकेज ने 1892 में दो निकटवर्ती द्वीपों के बीच दूर संचार का प्रयोग करने के लिए इंडक्शन इफेक्ट का इस्तेमाल करते हुए बेतार से संकेत भेजने का प्रयत्न किया, पर वे इस नतीजे पर पहँचे कि लंबी दूरी तक बेतार से संकेत भेजना असंभव है। मार्कोनी को ये सब प्रयोग, उनका ब्योरा और निष्कर्ष उपयोगी लगे। संसार के जाने-माने वैज्ञानिकों के निष्कर्षों से हतोत्साहित होने के बजाय उसने उसे अपने काम को आगे बढ़ाने वाली उपयोगी जानकारी के रूप में देखा।

सन् 1894 की गरमियों में जब युवा मार्कोनी अपनी माता के साथ आल्पस के निकट ओरोमा गया हुआ था, तो उसकी मुलाकात प्रसिद्ध वैज्ञानिक प्रोफेसर रिगी से हुई। प्रोफेसर रिगी भी बोलोग्ना में रहते थे और छुट्टियाँ मनाने वहाँ आए हुए थे। वे मार्कोनी परिवार से परिचित थे, इसलिए गुगलेल्मो मार्कोनी से मिलने के लिए राजी हो गए। उसकी बातों और गूढ़ सवालों से वे बहुत प्रभावित हुए। गुगलेल्मो को न केवल अपनी कुछ शंकाओं का समाधान मिला बल्कि प्रोफेसर रिगी के विश्वविद्यालय के पुस्तकालय और प्रयोगशाला का इस्तेमाल करने की

अनुमति भी मिल गई।

गुगलेल्मो मार्कोनी ने इस सुविधा का भरपूर उपयोग किया, लेकिन इतना काफी न था। इससे जो कुछ सीखा, उसके आधार पर वह चुपचाप अपने उपकरणों से, अपनी अनगढ़ प्रयोगशाला में बहुत कुछ करना चाहता था। शायद वह नहीं चाहता था कि इससे आगे वह जो करने जा रहा है, उसकी जानकारी किसी और को हो। अत: उसने अपने माता-पिता से अपने पैतृक गृह विला ग्रिफोन की अटारी में निजी प्रयोगशाला बनाने की अनुमति माँगी। पहले ही अपने बेटे के बिजली के तमाशे करने में समय नष्ट करने से खिन्न पिता गुसेप इसके लिए राजी न हुए। पर अपने बेटे की प्रतिभा की कायल माँ एनी के कहने पर उन्हें राजी होना पड़ा। एनी ने न केवल गुसेप से बेटे को अटारी में प्रयोगशाला बनाने की अनुमति दिलाई बल्कि कुछ अतिरिक्त उपकरण खरीदने के लिए पिता से धन भी दिला दिया।

गुगलेल्मो मार्कोनी दिन-रात अपने काम में जुट गया। उसे खाने-पीने, सोने की भी सुध न रही। घर से निकलता तो पुस्तकालय में कुछ पढ़कर अपने प्रयोग में आई कुछ कठिनाई का हल खोजने के लिए या फिर कोई ऐसा प्रयोग करने के लिए विश्वविद्यालय की प्रयोगशाला में जाने के लिए, जिसकी सुविधा उसकी अपनी प्रयोगशाला में न थी। उसने अपने से पहले प्रोफेसर हर्त्स और रिगी के किए गए प्रयोगों को दोहराकर बारीकी से उनकी व्यावहारिकता का अध्ययन किया और उनकी असफलता को जानने की कोशिश की। उसके स्वयं के आविष्कारों में मुख्य तो तड़ित से उत्प्रेरित होनेवाला यंत्र ही था। इसमें एक विद्युत् चक्र, बैटरी, बिजली की घंटी और लोहे के बुरादे से भरी ट्यूब थी। आम हालात में न तो लोहे के बुरादे से विद्युत् का प्रवाह होता था और न ही घंटी बजती थी, लेकिन घटाओं में बिजली के चमकने के साथ ही ट्यूब के लोहे के बुरादे से प्रवाहित होकर विद्युत्धारा घंटी बजा देती

थी। युवा मार्कोनी जानता था कि घंटी बजने का असली कारण आकाश की बिजली से उत्पन्न तरंगें हैं। वह प्रकृति के आकार का ट्रांसफॉर्मर कभी नहीं बना सकता, लेकिन इसके साथ ही मार्कोनी को यह भी विश्वास था कि वातावरण में विद्युत् चुंबकीय या किसी और तरह की तरंगें प्रवाहित होती हैं—वे कहाँ हैं, उनका उपयोग बेतार के दूरसंचार में कैसे किया जा सकता है, इन सवालों के जवाब पर भी उसकी सफलता निर्भर थी। वातावरण में कहीं कोई नई अनजानी ऊर्जा अवश्य विद्यमान थी, उसका अन्वेषण किया जाना था।

कुछ आलोचकों ने मार्कोनी पर यह आक्षेप लगाया था कि उसने पहले के विख्यात वैज्ञानिकों के महत्त्वपूर्ण अन्वेषणों की सहायता से ही यह आविष्कार किया। इसका उत्तर देते हुए मार्कोनी ने कहा कि यह सच है कि मैंने विद्युत् तरंगों पर अनुसंधान करनेवाले हर्त्स, ब्रैंडले, रिगी जैसे विख्यात वैज्ञानिकों के प्रयोगों के जो भी परिणाम प्रकाशित हुए, उनका निरंतर अध्ययन किया। उदाहरण के लिए, प्रोफेसर रिगी ने जो एक्सेलेटर का प्रारूप तैयार किया था, अपने आरंभिक प्रयोगों में मैंने उसका इस्तेमाल किया था। उनका यह एक्सीलेरेटर भी हर्त्स के एक्सीलेरेटर का संशोधित रूप ही था। मैंने पहले के उपलब्ध ज्ञान और प्रतिपादित सिद्धांतों को ही अपने कार्य का आधार बनाया और हॉवे, वाट, एडीसन, स्टीफेंस तथा कई अन्य विख्यात आविष्कारकों का अनुसरण किया। मुझे संदेह है कि कोई भी उपयोगी आविष्कार किसी एक व्यक्ति के प्रतिपादित सिद्धांत, उसके व्यावहारिक प्रयोग तथा तत्संबंधी उपकरण के दम पर ही किया गया होगा।

□

2

युवा आविष्कारक

एक के बाद एक असफलता का सामना करते हुए गुगलेल्मो मार्कोनी किशोरावस्था से युवावस्था की ओर बढ़ रहे थे। उनका दृढ़ विश्वास था कि बेतार के माध्यम से किन्हीं तरंगों की सहायता से दूर तक संदेश भेजना संभव है। कोई भी सामान्य व्यक्ति बार-बार असफल होने पर निराश होकर अपने प्रयास छोड़ देता, लेकिन मार्कोनी के अडिग विश्वास ने तमाम आलोचनाओं और निराश करनेवाली टीका-टिप्पणियों के बावजूद उसे अपने काम में लगाए रखा। गुगलेल्मो के अतिरिक्त उनकी माँ एनी को भी पूरा विश्वास था कि उनका बेटा एक दिन अवश्य सफल होगा। वे निरंतर उनका मनोबल बनाए रखतीं और अपने पति पर जोर डालकर उसे आवश्यक सहायता दिलवातीं। जबकि पिता गुसेप को लगता था कि उनका छोटा बेटा व्यर्थ के प्रयोगों में अपने जीवन का महत्त्वपूर्ण समय नष्ट कर रहा है।

1894 के अंत से लेकर 1895 के प्रारंभ तक मार्कोनी अपने प्रयोगों को लेकर और भी गंभीर हो गए। ऐसा लगता है कि असफलता के अंधकार में उन्हें कहीं सफलता की कोई किरण अब प्रत्यक्ष दिखने लगी थी। दरअसल दूसरों के लिए असफलता इसलिए होती है, क्योंकि

अंतिम परिणाम सामने नहीं आता, लेकिन आविष्कारक जानता है कि वह मंजिल तक नहीं पहुँचा, पर उसकी तरफ बढ़ रहा है। ताँबे के दो गोलाकार कंडक्टरों की सहायता से वेब डिटेक्टर बनाकर हर्त्स के प्रयोगों को सफलतापूर्वक दोहरा लेने के बाद अब मार्कोनी ने कोहेरर पर अपना ध्यान केंद्रित करना आरंभ किया। वे जानते थे कि इसमें सुधार कर लेने का अर्थ होगा, सफलता की ओर एक और महत्त्वपूर्ण कदम बढ़ाना। कई तरह की धातुओं के बहुत बारीक बुरादों के मिश्रण को ट्यूबों में डालकर उन्होंने ये प्रयोग जारी रखे और अंततः इस नतीजे पर पहँचे कि 95 प्रतिशत निकोल और 5 प्रतिशत चाँदी के बहुत ही महीन और समान आकार के बुरादों के कणों का मिश्रण सबसे अच्छा परिणाम देता है। विभिन्न प्रयोग करने के बाद उन्होंने यह भी पता लगा लिया कि चाँदी के बने दो प्लगों के बीच निकिल और चाँदी के बुरादे के मिश्रण को रखने से सबसे अच्छा परिणाम मिलता है। इस ट्यूब में शून्य का अंतराल पैदा कर उन्होंने कोहेरर की संवेदनशीलता को उस स्तर पर पहुँचा दिया, जो आज भी मान्य है।

आखिरकार मार्कोनी ट्रांसमीटर की विपरीत दिशा में अपनी प्रयोगशाला के दूरवर्ती कोने पर एक डिटेक्टर सर्किट की घंटी बजाने में सफल हो गए। यह बहुत बड़ी प्रगति थी जिसने उन्हें सफलता के और करीब ला दिया। भले ही मंजिल अभी दूर थी, पर इस प्रगति ने निश्चय ही उनका उत्साह और बढ़ा दिया। उन्होंने तड़ित से होनेवाला उत्सर्जन पैदा कर दिया था। इसके लिए मार्कोनी ने हर्त्स के एक्सीलेरेटर से छोटे स्पार्क्स उत्पन्न किए थे। मार्कोनी संचार की दूरी बढ़ाने के लिए प्रयोगशाला के बगल वाले कमरे तक गए। इस प्रयोग में भी सफलता तो मिली, लेकिन एक बाधा के साथ। समस्या यह थी कि पहला संकेत पाने के बाद मिलने वाले संकेतों को ग्रहण करने एवं उसके संचारण के लिए ट्यूब को हर बार धीरे से थपथपाना पड़ता था। इस समस्या को हल

करने के लिए मार्कोनी ने सर्किट के आरंभ में एक विद्युत् चुंबक लगा दी। यह विद्युत् चुंबक एक नन्हीं हथौड़ी को प्रत्येक संकेत के आने पर चालू कर देती थी, जो धीरे से ट्यूब को थपथपा देती थी। इस तरह रेडियो-इलेक्ट्रॉनिक आवेशों को संचारित करने और ग्रहण करनेवाला पहला उपकरण तैयार हो गया यानी मार्कोनी का यह विश्वास सत्य हो गया कि रेडियो दूरसंचार संभव है।

अब जरूरत थी उससे आगे प्रयोग करके अब तक बने उपकरण की क्षमता बढ़ाने की ताकि बेतार के माध्यम से अधिक दूरी तक संचार संभव हो। गुगलेल्मो को इसके लिए कुछ और उपकरण चाहिए थे और उपकरणों के लिए धन की आवश्यकता थी। उन्होंने तो अपना सारा समय प्रयोगशाला को भेंट कर रखा था। खुद की आमदनी कहाँ से होती? एक ही रास्ता था—पिता से आर्थिक सहायता की याचना करना। उन्होंने हिम्मत करके अपने पिता से सीधी बात करने का इरादा किया—यह जानते हुए भी कि वे उनकी इन हरकतों से खिन्न हैं। पिता गुसेप मार्कोनी ने उनकी सारी बातें ध्यान से सुनीं। उन्होंने आविष्कारक बेटे से कई सवाल पूछे जिनका मार्कोनी ने सटीक जवाब दिया। उस पर भी पूरी तरह संतुष्ट न होने पर उन्होंने गुगलेल्मो को अपना प्रयोग उनके सामने दोहराकर उस उपकरण से अंग्रेजी के एक अक्षर का प्रसारण करने को कहा। मार्कोनी तुरंत राजी हो गया और उसने मोर्स के संकेतों के माध्यम से यह प्रयोग सफलतापूर्वक कर दिखाया, पर पिता के चेहरे पर कोई प्रतिक्रिया न देखकर वे निराश हो गए।

''अगर तुम बहुत दूरी तक यह संकेत भेजकर इस प्रयोग को व्यावहारिक सफलता न दे पाए तो सबकुछ व्यर्थ ही होगा।'' गुसेप गंभीर स्वर में बोले तो मार्कोनी ने कहा, ''मुझे इसका एहसास है, लेकिन आगे प्रयोग करके इसे संभव बनाने के लिए संसाधनों की भी आवश्यकता होगी।''

गुगलेल्मो की बात अभी पूरी भी नहीं हुई थी कि पिता ने उनके हाथ पर पाँच सौ लीरा की राशि रख दी। गुगलेल्मो को धन मिलने की इतनी खुशी नहीं हुई जितनी यह जानकर हुई कि आखिरकार उनके पिता को भी उनके प्रयोगों का महत्त्व समझ में आ गया है और उन्हें उनके सफल होने का विश्वास हो गया है, वरना वह पाँच सौ लीरा की राशि उन्हें हरगिज न देते।

अब माता-पिता दोनों गुगलेल्मो के पक्ष में थे। बड़ा भाई पहले से ही उनके परिश्रम और लगन का प्रशंसक था और समय-समय पर उनकी सहायता किया करता था। उसे लगता था कि उसका अनुज एक-न-एक दिन ऐसा आविष्कार करने में सफल होगा जिससे सारा संसार चकित रह जाएगा।

उस समय के दिग्गज वैज्ञानिकों ने तरह-तरह के प्रयोग करके 30-40 मीटर तक की तरंगों का ही आविष्कार किया था और इस नतीजे पर पहुँचे थे कि इससे अधिक दूरी तक जाना संभव नहीं है। गुगलेल्मो मार्कोनी जब एक किलोमीटर तक संदेश भेजने में सफल हो गए तो उन्हें विश्वास हो गया कि वे सही रास्ते पर आगे बढ़ रहे हैं। इसके बाद वे अपने उपकरणों में संशोधन करते हुए निरंतर प्रयोग करते रहे। उनका प्रसारण केंद्र उनके प्रयोगशाला वाले घर की सबसे ऊपरवाली मंजिल पर स्थिर अवस्था में था। उसे उन्होंने एक तार की सहायता से जमीन में गाड़ी हुई ताँबे की एक पत्तर से जोड़ दिया था। दूसरा तार वहाँ से एंटीना तक जाता था। वे रिसीवर की दूरी बढ़ाते हुए प्रयोग कर रहे थे। प्रसारण केंद्र से गुगलेल्मो संकेत भेजते और दूरी पर संकेतों के सफलतापूर्वक पहुँचने का इशारा उनके बड़े भाई रुमाल हिलाकर देते। उनके प्रयोगों का यह सिलसिला जारी रहा और बेतार के संकेतों के प्रसारण की दूरी धीरे-धीरे बढ़ती रही। उन्होंने तत्कालीन वैज्ञानिकों के सिद्धांतों पर आधारित इस अवधारणा को गलत साबित कर दिया कि

तरंगों की अधिक दूरी तक जाने की अक्षमता के कारण इस खोज का कोई व्यावहारिक उपयोग नहीं हो सकता। एक और अवधारणा भी गलत साबित हो गई थी कि प्रसारित संकेत भौतिक अवरोधों को पार नहीं कर सकते यानी संकेत किसी निश्चित दूरी तक तभी जा सकते हैं, जब बीच में कोई व्यवधान न हो। गुगलेल्मो ने सिद्धांतों पर निर्भर होने और विश्वास करने के बजाय प्रयोगों को अपने आविष्कार का आधार बनाया और उनके माध्यम से दिखा दिया कि छोटे-छोटे भौतिक अवरोध तो क्या, संकेत-तरंगें पहाड़ को लाँघकर उसके पार भी जा सकती हैं।

अब गुगलेल्मो का सारा परिवार और परिवार के निकटवर्ती मित्र उनके साथ थे। यह सामाजिक-पारिवारिक स्तर पर एक बड़ी जीत थी, पर उनके प्रयोग ऐसे स्तर पर पहुँच चुके थे, जहाँ परिवार के सीमित साधन और स्वयं उनके बनाए अनगढ़ उपकरण काफी न थे। भले ही इन प्रयोगों ने बेतार के संकेतों को व्यावहारिक न बनाया हो, पर यह स्पष्ट हो गया था कि इनके व्यावहारिक उपयोग की प्रबल संभावना है और इनकी सफलता एक क्रांतिकारी परिवर्तन ला सकती है। परिवार ने सोच-विचार के बाद डाक-तार विभाग के मंत्री को इस प्रयोग की सफलता की सूचना देते हुए सरकारी सहायता के लिए अनुरोध किया। इसमें यह भी जोड़ा गया कि प्रयोग के पूर्णतः सफल होने और बेतार के संकेतों के व्यावहारिक उपयोग के संभव हो जाने पर देश को कितना लाभ होगा।

बहुत दिनों के इंतजार के बाद गुगलेल्मो को इसका जो जवाब मिला, उसे व्यावहारिक दृष्टि से निरर्थक ही कहा जा सकता था। इसमें किसी प्रकार की सहायता देने की बात न कहकर केवल इतना ही कहा गया था कि आविष्कारक अपने प्रयोग जारी रखे।

निराशा की इस घड़ी में मार्कोनी को उसकी माँ एनी के इंग्लैंड में संपर्क काम आए। उनके वहाँ अनेक परिचित, मित्र और संबंधी थे

जिन्हें उन्होंने पत्र लिखकर बेटे की सफलता की सूचना दी और अनुरोध किया कि इटली सरकार की उपेक्षा को देखते हुए वे ब्रिटिश सरकार से उसे आर्थिक सहायता एवं सहयोग दिलाने का प्रयास करें। एनी का एक भतीजा हेनरी डेविस ब्रिटिश सेना में कर्नल था और उसके इंग्लैंड के संभ्रांत वर्ग व अफसरशाही में अच्छे संपर्क थे। उसने सबसे अधिक सहयोग देने का वचन देते हुए एनी और गुगलेल्मो को इंग्लैंड आने की सलाह दी।

इंग्लैंड की सरकार से मार्कोनी के सहायता माँगने की एक और वजह थी। उन्होंने अब तक प्रयोगों में जो सफलता पाई थी, वह भी इंग्लैंड के लिए किसी हद तक उपयोगी साबित हो सकती थी। नौसेना और जहाजरानी में इंग्लैंड प्रमुख देश था और एक जहाज से दूसरे जहाज तक बेतार से संकेत भेजना उसके लिए अत्यंत महत्त्वपूर्ण और उपयोगी हो सकता था। लंदन स्थित इटली के राजदूत भी मार्कोनी की सफलता से बहुत प्रभावित थे। वे उन्हें इटली की सरकार से आर्थिक सहायता तो नहीं दिला सकते थे, पर उन्होंने मार्कोनी को हर संभव सहयोग देने का वचन दिया। सहयोग का वादा करने के अलावा राजदूत ने एक अत्यंत उपयोगी सुझाव दिया कि अपने आविष्कार का पेटेंट करा लें, ताकि कोई उनकी नकल न कर सके। उनका कहना था कि यह बहुत महत्त्वपूर्ण आविष्कार है और अधिक दिनों तक गोपनीय नहीं रहेगा। अतः मार्कोनी को चाहिए कि वह विश्व के सभी देशों में इसका पेटेंट करा ले।

अपनी माता के साथ गुगलेल्मो जब इंग्लैंड पहुँचे तो उनके रिश्ते का भाई हेनरी जेक्सन डेविस स्टेशन पर उनका स्वागत करने के लिए मौजूद था। वे एक-दूसरे से बहुत गर्मजोशी से मिले और फिर एक अन्य रिश्तेदार के पास जाकर रुके, जहाँ पहले से उनके ठहरने का उचित प्रबंध किया गया था। यहाँ गुगलेल्मो अपने उपकरण के साथ आए थे,

जिसका उन्हें प्रदर्शन करना था, लेकिन यह इस समय चालू हालत में नहीं था।

यह अधिकारियों के अड़ियल रवैये का एक और उदाहरण है जिसने समस्त मानवता के इतिहास में क्रांतिकारी परिवर्तन लानेवाले वैज्ञानिक को भी नहीं बख्शा। हुआ यह कि मार्कोनी के इंग्लैंड पहुँचने पर एक कस्टम अधिकारी ने उसके सामान की जाँच करने पर उस विचित्र उपकरण के बारे में कई सवाल पूछे जिनका विस्तृत उत्तर मार्कोनी ने नहीं दिया। एक कारण तो यह हो सकता है कि वह उपकरण किस सिद्धांत पर और कैसे काम करता है, वह किसी वैज्ञानिक को ही समझाया जा सकता था। कस्टम अधिकारी के साथ माथापच्ची करने से कुछ हासिल नहीं होता। आखिर वह कितना समझ पाता। दूसरी बात, मार्कोनी अपने आविष्कार के प्रति बहुत सतर्क थे। वे इसके बारे में किसी को भी बहुत अधिक बताना नहीं चाहते थे।

कस्टम अधिकारी की अधिकार भावना और अहं को ठेस लगी तो उसने जाँच-पड़ताल के बहाने उपकरण के कनेक्शंस खोल डाले और उसके अंजर-पंजर ढीले कर दिए। अतः अपने ठिकाने पर पहुँचने के बाद गुगलेल्मो के लिए सबसे पहला काम उपकरण की मरम्मत करके उसे चालू हालत में लाना था। उनका भाई हेनरी इंजीनियर था। हेनरी ने उसे अपने उपकरण के बारे में विस्तार से बताया। फिर दोनों मरम्मत के काम में जुट गए। कुछ पुरजे तो मरम्मत हो गए, पर कुछ को कस्टम वालों ने ऐसा तोड़ा-मरोड़ा था कि नया सामान लाकर दोबारा बनाना पड़ा। उपकरण की मरम्मत से फुरसत पाने के बाद मार्कोनी ने इंग्लैंड के एक काबिल वकील से मुलाकात की और उसे अपने आविष्कार को पेटेंट करने का काम सौंप दिया। वकील साहब ने जुलाई, 1897 में लंदन पेटेंट ऑफिस से इस आविष्कार को पेटेंट करवा दिया। उसके बाद हेनरी और उनका भाई इंग्लैंड में किसी उपयुक्त उच्च अधिकारी से

संपर्क बनाने के काम में जुट गए, जिसे इस आविष्कार का महत्त्व समझाया जा सके और बात आगे बढ़े। थोड़े दिन अपने संबंधियों के यहाँ रहने के बाद मार्कोनी और उनकी माँ ने उनके पास ही एक किराये का घर ले लिया, जहाँ मार्कोनी अधिक सुविधापूर्वक अपना काम कर सकते थे। इटली की तरह ही यहाँ भी उन्होंने एक छोटी प्रयोगशाला बना ली और अपने आविष्कार के बारे में इंग्लैंड के बड़े अधिकारियों से संपर्क साधने के साथ-साथ अपने आविष्कार को और परिष्कृत करने के काम में जुट गए। इधर इंग्लैंड के संभ्रांत समाज में मार्कोनी के आविष्कार की बहुत चर्चा थी। एक वैज्ञानिक कैंपबेल स्विंटन ने मार्कोनी के काम से प्रभावित होकर उन्हें सुझाव दिया कि वे इंग्लैंड की डाक-तार सेवा के मुख्य इंजीनियर सर विलियम प्रीसे से मिलें और उनके सामने अपने आविष्कार का प्रदर्शन करें, क्योंकि यह आविष्कार डाक-तार विभाग के लिए भी बहुत उपयोगी था। श्री स्विंटन ने मार्कोनी की सहायता के लिए विलियम प्रीसे के नाम एक सिफारिशी चिट्ठी भी लिख दी।

सर विलियम पत्र पढ़ते ही आविष्कार के महत्त्व को समझ गए और उन्होंने मार्कोनी को अपने कार्यालय में उस उपकरण का प्रदर्शन करने को कहा। मार्कोनी ने बड़े उत्साह से उपकरण लाकर कार्यालय में जमा दिया। उसके बाद उन्होंने एक किनारे पर रखे उपकरण का खटका दबाया तो दूर दूसरे उपकरण में रखी घंटी टन्टन करके बजने लगी। सर विलियम की आँखों में चमक आ गई। उन्होंने मार्कोनी को उनके अद्‌भुत आविष्कार के लिए बधाई दी और इस काम को आगे बढ़ाने के लिए सहायता व सहयोग देने का आश्वासन दिया। उस दिन के बाद दोनों में बहुत घनिष्टता हो गई।

सर विलियम ने मार्कोनी के प्रयोग दिखाने के लिए अपने विभाग के अन्य तकनीकी विशेषज्ञों को भी बुलाया। वे सब भी इस आविष्कार

की व्यावहारिक उपयोगिता के प्रति आश्वस्त थे। सर विलियम ने महसूस किया कि आविष्कार के उत्तरोत्तर विकास के लिए मार्कोनी को न केवल एक अच्छी प्रयोगशाला में काम करने की सुविधा चाहिए बल्कि एक योग्य सहायक भी चाहिए। उन्होंने दोनों का प्रबंध कर दिया। सर विलियम ने अपने विभाग में काम करनेवाले एक कुशल तकनीशियन जॉर्ज स्टीवेंस कैंप को मार्कोनी की सहायता के लिए नियुक्त कर दिया। जॉर्ज उनका पहला सहायक ही नहीं पट्ट शिष्य भी बन गया और आजीवन उनके साथ रहा। कुछ पर्यवेक्षकों ने जहाँ सर विलियम की इस उदारता और दूरदर्शिता की प्रशंसा की, वहीं कुछ ने टिप्पणी भी की कि इसमें उनका स्वार्थ और चालाकी छिपी हुई थी। प्रयोग के सफल होने और विकसित होने पर उनके विभाग और देश को बहुत बड़ा तकनीकी लाभ होने वाला था। उनका नियुक्त किया सहायक इसकी प्रगति की रफ्तार को बढ़ाता ही। इसके अलावा वह मार्कोनी के साथ काम करते हुए उनके उपकरण के सिद्धांत के व्यावहारिक पक्ष को भी समझ रहा था, जिसकी रिपोर्ट वह लगातार सर विलियम को देता रहता था।

□

3

फैलती ख्याति

डाक-तार विभाग की मार्कोनी के काम के प्रति दिलचस्पी दिखाने और सहयोग देने के साथ-साथ ही ब्रिटिश सेना और नौसेना ने भी उनके आविष्कार पर ध्यान देना शुरू कर दिया। यह उनके लिए बहुत उपयोगी उपकरण था। अकेले इसके दम पर भी वे अन्य देशों की थल सेना और नौसेना से आगे बढ़ सकते थे।

मार्कोनी ने, जब वे बोलोग्ना में थे, एक कबाड़ी की दुकान से मोर्स का पुराना रिसीवर खरीदा था। उन्होंने इसे दुरुस्त किया। इसके साथ एक बैटरी लगाई, फिर इसे अपने रिसीविंग सर्किट के साथ जोड़ दिया। इस सर्किट में एक रिले और एक विद्युत्-चुंबक था। कोहेरर तक हर्टिजन-तरंगें पहुँचते ही वह विद्युत्-चुंबक को विद्युत्-धारा दे देता था। इस विद्युत्-चुंबक के साथ एक नन्हीं हथौड़ी जुड़ी हुई थी, जो एक मोटा कागज का पन्ना शलाका के नीचे सरका देती थी। संदेश प्रेषित होने पर शलाका से इस पन्ने पर स्याही के बिंदु अंकित होने लगते थे। यह मोर्स की भाषा थी, जिसकी सहायता से संदेश बेतार से भेजा जाता था।

इंग्लैंड में मार्कोनी के काम को मान्यता मिलने और सहायता दिए

जाने से उनके प्रयोगों में निरंतर प्रगति हो रही थी। सैलिस्बरी के मैदान में उसने 2 सितंबर, 1896 को अपना पहला प्रयोग किया। उन्होंने हर्टिजन-तरंगों पर अपने प्रयोग जारी रखे। उनके इन प्रयोगों में 70 से 300 मीटर तक की दीर्घ तरंगें और लगभग 60 सेंटीमीटर की लघु तरंगें शामिल थीं। उन्होंने अपने प्रयोगों के आरंभिक दिनों में ही जान लिया था कि लघु तरंगों को एक निर्धारित क्षेत्र तक प्रसारित किया जा सकता है, जबकि दीर्घ तरंगें भवनों, पर्वतों आदि की बाधाओं को लाँघकर दूर तक संदेश पहँचाने में सक्षम हैं। भवनों या पर्वतों के पार बेतार से संदेश पहुँचाने की उनकी इस सफलता से इंग्लैंड के बड़े-बड़े वैज्ञानिक और विशेषज्ञ आश्चर्यचकित रह गए थे। उनमें से अधिकांश ने मार्कोनी को इस अपूर्व सफलता के लिए बधाई दी और मुक्त-कंठ से उनकी प्रशंसा की। जिन समाचार-पत्रों ने आरंभ में उनके प्रयोगों के सफल होने के प्रति संशय व्यक्त किया था, वे भी अब इस युवा वैज्ञानिक की प्रशंसा कर रहे थे।

1897 के मार्च महीने में मार्कोनी ने स्टीप होम और फ्लैट होम के द्वीपों के बीच संदेश प्रसारित करने का सफल प्रयोग किया, जिसने उनके आविष्कार के महत्त्व को पूर्णतः स्थापित कर दिया और आलोचकों व संशयवादियों की बोलती बंद कर दी। उन्होंने कार्डिक के निकट के प्रकाशस्तंभ से ब्रिस्टल नहर के पार संदेश भेजने का प्रदर्शन किया, जिसे देखने के लिए इंग्लैंड के विशेषज्ञों के अतिरिक्त दूसरे देशों के विशेषज्ञ और वैज्ञानिक भी आए हुए थे। इनमें एक जर्मन वैज्ञानिक प्रोफेसर एडोल्फ स्लेबी भी थे। वे भी बरसों से बेतार के दूर संचार पर काम कर रहे थे, पर लाख कोशिशें करने पर भी सौ मीटर से अधिक दूरी तक संदेश भेजने में असफल रहे थे।

मार्कोनी के एक द्वीप से दूसरे द्वीप तक सफलतापूर्वक संदेश भेजने का प्रयोग देखकर उपस्थित दर्शक चमत्कृत रह गए। जर्मन वैज्ञानिक

एडोल्फ स्लेबी ने बढ़-चढ़कर इस युवा आविष्कारक की प्रशंसा की। उनके एक-एक उपकरण को देखा और कुछ सवाल भी किए। स्वभावतः मार्कोनी को यह सब अच्छा लगा। उन्हें क्या पता था कि जर्मन प्रोफेसर उनके आविष्कार का मूल सिद्धांत और इसके लिए इस्तेमाल होनेवाले उपकरणों की रूपरेखा चुराने के इरादे से आए हैं, ताकि अपनी असफलता को सफलता में बदल सकें। वे जानना चाहते थे कि उनके प्रयोगों में कहाँ कमी रह गई थी और उनके उपकरणों में किस तरह के परिवर्तन करने की आवश्यकता है। स्वदेश लौटते ही उन्होंने इस पर नए सिरे से काम करना आरंभ कर दिया। वे मार्कोनी के कई प्रयोगों को दोहराने में सफल रहे, हालाँकि उनके स्तर तक नहीं पहुँच सके। जर्मनी की सरकार ने उन्हें भरपूर प्रोत्साहन दिया और कहा कि जर्मनी को दूरसंचार में आत्मनिर्भर बनाएँ। आगे चलकर उनकी बनाई कंपनी मार्कोनी की कंपनी की सबसे बड़ी प्रतिद्वंद्वी साबित हुई।

उक्त प्रदर्शन के प्रत्यक्षदर्शियों में एक 'अशुभ' सिद्ध हुआ तो एक मार्कोनी के लिए शुभ भी साबित हुआ। मार्कोनी के प्रयोगों की सफलता के समाचार इटली भी पहुँच रहे थे। आरंभ में उन्हें किसी प्रकार की सहायता न देने वाली इटली सरकार उनकी ख्याति के नगाड़े बजने पर चौंककर जाग उठी। उसने नौसेना इंजीनियरिंग में कप्तान विटोरियो मालफेनी को आदेश दिया कि ब्रिस्टल नहर के पार संदेश भेजने के मार्कोनी के प्रयोग को जरूर देखे और रिपोर्ट दे कि वास्तविकता क्या है। विटोरियो मार्कोनी की सफलता से बहुत प्रभावित हुआ और उसने रोम भेजी अपनी रिपोर्ट में लिखा कि यह अत्यंत उपयोगी आविष्कार है। खराब-से-खराब मौसम और तूफानों में भी उसके बेतार के संदेश दूसरे स्थानों पर पहुँच जाते हैं, जो किसी चमत्कार से कम नहीं। विटोरिया आखिर नौसेना का कप्तान था और तूफानों में बेतार के जरिए एक स्थान से दूसरे स्थान पर संदेश भेजे जाने के महत्त्व को उससे बढ़कर कौन

समझ सकता था!

इंग्लैंड स्थित इतालवी राजदूत श्री फरेरो की अपनी सरकार को भेजी रिपोर्ट ने भी मार्कोनी की सफलता की पुष्टि कर दी, तो इटली की सरकार ने मार्कोनी को स्वदेश आकर अपने आविष्कार का प्रदर्शन करने के लिए बुलाने का फैसला किया। इसके लिए एक विधिवत् निमंत्रण मार्कोनी को भेजा गया, जिसे पाकर उन्हें बहुत प्रसन्नता हुई। आखिर उनकी बरसों की साध पूरी होनेवाली थी। उनकी हार्दिक इच्छा थी कि उनके अपने देश को उनके आविष्कार का लाभ मिले। इसके साथ ही वे चाहते थे कि सरकार उनके आविष्कार के महत्त्व को समझे और उन्हें उचित प्रोत्साहन व सहायता प्रदान करे।

इटली आने के बाद वहाँ के नौसैनिक मंत्री की इच्छानुसार मार्कोनी ने नौसैनिक मंत्रालय के एक भवन से दूसरे भवन तक बेतार संदेश भेजने का प्रदर्शन करने का निर्णय किया। मंत्रालय ने इसके लिए आवश्यक सभी प्रबंध कर दिए और इटली के अनेक बड़े अधिकारियों, वैज्ञानिकों व कई गण्यमान्य जनों को यह प्रदर्शन देखने के लिए आमंत्रित किया। मार्कोनी ने एक भवन की छत पर बैठकर मोर्स में कुछ संदेश टाइप किया, जो दूर दूसरे भवन की छत पर रखे रिसीवर के कागज पर मोर्स में अंकित हो गया। इटली के लिए यह अजूबा देखने का पहला अवसर था। शीघ्र ही इस चमत्कार का समाचार सारे देश में फैल गया।

इसके बाद यही प्रदर्शन मार्कोनी ने राजभवन में महाराजा और महारानी की उपस्थिति में दिखाया। वहाँ इटली के लगभग सभी मंत्रियों के अलावा संसद् सदस्य, वैज्ञानिक, नौसेना के उच्च अधिकारी व अन्य गण्यमान्य जन उपस्थित थे। तारीफ तो बहुत हुई, लेकिन इसके साथ ही कुछ विशेषज्ञों ने टिप्पणी भी की कि एक भवन से दूसरे भवन तक कोई संदेश भेजने में असाधारण या अतुपयोगी कुछ भी नहीं है। जैसा कि शीघ्र ही प्रमाणित हो गया, इस तरह की आलोचना बेबुनियाद थी। बात

प्रदर्शन की सीमा की थी, न कि आविष्कार के सीमित होने की। राजभवन में या नौसेना मंत्रालय के भवन में तो प्रदर्शन एक भवन से दूसरे भवन तक संदेश भेजकर ही किया जा सकता था। जहाँ तक आविष्कार की सफलता का सवाल था, उसका प्रमाण मार्कोनी ने नौसेना को दिए अगले प्रदर्शनों में प्रस्तुत किया।

1897 की 10 से 13 जुलाई तक मार्कोनी ने इतालवी नौसेना के उच्च अधिकारियों की उपस्थिति में थल पर संदेश भेजने का प्रदर्शन किया, जिसे देखने के लिए नौसेना के एडमीरल अर्नेस्ट सीफियन भी मौजूद थे। इन प्रदर्शनों में 3000 मीटर तक की दूरी तक स्पष्ट संकेत भेजे गए, पर नौसेना अधिकारियों की असली दिलचस्पी समुद्र में किसी जहाज तक संदेश भेजने में थी। इसका सफल प्रदर्शन भी मार्कोनी ने किया। 14 जुलाई को उन्होंने सेंट बार्सिलोमाया पर ट्रांस्मीटिंग स्टेशन जमाया। उसके बाद एक नौका पर एरियल लगाकर उसे दूर भेजते हुए क्रमशः संकेत भेजने आरंभ किए। उस दिन से आरंभ हुए प्रयोगों में पाया गया कि 5500 मीटर की दूरी तक स्पष्ट संकेत मिलते हैं, जिन्हें आसानी से पढ़ा जा सकता था। इसके साथ ही यह भी पता चला कि ये संकेत तभी मिलते हैं, जब नौका समुद्र में हो और बीच में कोई जमीन न हो। बीच में जमीन आ जाने पर संकेतों में बाधा आती है। इसके बाद जब-जब दोबारा थोड़ा घूमकर स्पष्ट रूप से समुद्र में आ जाए तो दूरी अधिक होने पर भी स्पष्ट संकेत मिलते हैं।

इससे उत्साहित होकर मार्कोनी ने नेवी की सहायता से होनेवाले अपने प्रयोग जारी रखने की योजना बनाई, जिनके लिए उन्हें भरपूर सहयोग के साथ-साथ जितने दिन वे इटली में रहे, खर्च के लिए 60 लीरा का दैनिक भत्ता भी सरकार की तरफ से मिल रहा था।

16 जुलाई को मार्कोनी के नौसेना के सहयोग से होनेवाले प्रयोग दोबारा अच्छे मौसम में किए गए। इस बार 7400 मीटर तक की दूरी से

स्पष्ट संकेत मिले, फिर रिसीवर को 17 जुलाई को सेन मार्टिनो जलपोत पर स्थापित करके प्रयोग किए गए। इसमें रिसीवर को पोत में भिन्न स्थानों पर रखकर देखा गया कि संकेत प्राप्त होते हैं कि नहीं। इन सबका सकारात्मक परिणाम मिला। उससे अगले दिन के प्रयोग में जलपोत को दूर भेजकर देखा गया, तो पता चला कि साढ़े बारह हजार मीटर तक की दूरी पर स्पष्ट संकेत मिलते हैं। जलपोत को खुले समुद्र में ले जाने पर, जहाँ बीच में कोई व्यवधान न थ, देखा गया कि 16,300 मीटर तक स्पष्ट संकेत प्राप्त होते हैं।

जहाज को घुमाकर टिनो से पश्चिम की ओर ले जाया गया, ताकि यह पता चले कि मध्य में पालमारिया अथवा इस द्वीप के आ जाने पर संकेत कितनी दूरी तक मिलते हैं। इस प्रयोग में संकेत 1000 मीटर तक तो बहुत अच्छे और नितांत स्पष्ट रहे। उसके बाद अस्पष्ट होते गए और पोत के 7-8 हजार मीटर दूर जाने पर पूरी तरह मिलने बंद हो गए।

इन प्रयोगों की सफलता ने जहाँ इतालवी अधिकारियों को आश्वस्त कर दिया कि मार्कोनी का आविष्कार नौसेना के लिए अत्यंत उपयोगी सिद्ध होगा, वहाँ स्वयं मार्कोनी को भी नौसेना के सहयोग से किए प्रयोगों से अपने आविष्कार को और परिष्कृत करने व उपकरणों में सुधार करने का अवसर मिला। इसके अलावा समुद्र में होनेवाले प्रयोगों की सफलता के समाचार फैलने के साथ ही मार्कोनी की ख्याति और उनके प्रयोग के बाजार भाव में भी बहुत वृद्धि हो गई।

□

4

पहली कंपनी की स्थापना

गुगलेल्मो मार्कोनी के लिए अब समय आ गया था कि वे अपने आविष्कार के व्यावसायिक उपयोग के बारे में सोच सकें और एक कंपनी की स्थापना करें। इसके लिए उन्हें कुछ समय से अच्छे प्रस्ताव भी आ रहे थे। अब वे बालक गुगलेल्मो न होकर तेईस वर्ष के युवा आविष्कारक थे, जिनकी प्रतिष्ठा वैज्ञानिक जगत् में लगभग सर्वमान्य थी। संदेह और अविश्वास का कोहरा छँट चुका था और उनकी प्रतिभा का प्रकाश दूर-दूर तक चमक रहा था। अन्य वैज्ञानिकों की तुलना में मार्कोनी में यह अंतर था कि उनमें गजब की व्यावसायिक बुद्धि थी, जो उन्हें पिता से विरासत में मिली थी। इसके अलावा स्वयं उनके पिता समय-समय पर मुलाकात होने पर या पत्र द्वारा उन्हें सलाह देते ही रहते थे।

लंदन लौटकर 20 जुलाई, 1897 को मार्कोनी ने वायरलेस टेलीग्राफ ऐंड सिग्नल कंपनी लिमिटेड के नाम से एक हजार पाउंड की आरंभिक पूंजी के साथ अपनी पहली कंपनी की स्थापना की। इस विषय में करार पर हस्ताक्षर होने और कंपनी की स्थापना से मार्कोनी को तीन लाभ हुए। एक तो उनको इस नई कंपनी में इतने शेयर दिए गए कि उनका

नियंत्रण उस पर रहे। दूसरा, उन्होंने जो अपने आविष्कार के विश्व अधिकार दिए, उनमें इटली को शामिल नहीं किया। तीसरा, उन्होंने अपने आविष्कार के अधिकारों के बदले पंद्रह हजार पाउंड की नकद राशि प्राप्त की।

मार्कोनी को एक लाख लीरा की अधिकृत पूँजी के शेयरों में से साठ हजार लीरा के पूर्णतः दत्तमूल्य शेयर मिले। शेष 40 हजार लीरा-शेयरों को सार्वजनिक बिक्री के लिए शेयर बाजार में प्रस्तुत किया गया, जिसकी बिक्री से मिली राशि में से 25 हजार लीरा को कार्यकारी पूँजी के लिए और 15 हजार लीरा की राशि को मार्कोनी को उनके पेटेंट की एवज में दिया जाना था। इसके बाद 23 फरवरी, 1900 को शेयरधारकों की वार्षिक मीटिंग में पारित एक प्रस्ताव द्वारा कंपनी का नाम बदलकर मार्कोनी वायरलेस टेलीग्राफ कंपनी लिमिटेड कर दिया गया और आगामी 14 मार्च को ही उसे इस नाम से पंजीकृत कराया गया।

धरती से धरती तक कहीं भी संदेश भेजने के लिए तारों का जाल बिछा था और बेतार के उपकरण न होने पर भी संदेश भेजने में कठिनाई न थी, हालाँकि उस पद्धति के बेतार हो जाने का अलग ही महत्त्व था। समुद्र में एक पोत से दूसरे पोत तक संदेश भेजने के लिए बेतार के आलावा और कोई साधन संभव ही न था। खास बात यह थी कि मार्कोनी के आविष्कार से खराब मौसम में भी बेतार से संदेश भेजना संभव था। नौसेना के लिए यह अत्यंत उपयोगी था। अतः मार्कोनी को इस क्षेत्र में व्यावसायिक सफलता मिलनी निश्चित थी।

पर अभी एक बड़ी समस्या थी। अभी तक जो प्रयोग किए गए थे, उनमें एक स्थान से दूसरे स्थान तक एकल संदेश भेजे गए थे। आने वाले समय में जब अनेक स्थानों से बहुत से संदेश एक साथ भेजे जाएँगे, तो वे सब जगह एक साथ सुने जाएँगे। इससे सुनने में कठिनाई भी होगी और उनके परस्पर मिश्रित हो जाने पर शब्दों को पृथक् करके समझना

आसान न होगा। मार्कोनी ने इसका भी हल निकाल लिया और अलग-अलग आवृत्ति पर भेजे जानेवाले संदेश उनके रिसीवरों पर स्पष्ट सुने जाने लगे।

मार्कोनी में और विश्व के अधिकांश बड़े आविष्कारकों में एक बड़ा अंतर यह था कि वे विज्ञान के मूलभूत सिद्धांतों में पारंगत थे और उनके आधार पर ही उन्होंने आगे प्रयोग करके नए आविष्कार किए। जबकि मार्कोनी ने बचपन से ही प्रयोग किए और विज्ञान की उच्च स्तर की शिक्षा या विद्वता के बिना ही वह सब कर दिखाया जिसमें बड़े-बड़े तत्कालीन वैज्ञानिक असफल रहे थे। हालाँकि अपने प्रयोगों के साथ-साथ मार्कोनी का अध्ययन भी जारी रहा। उन्होंने निरंतर विभिन्न पुस्तकालयों में जाकर अपने विषय का अध्ययन किया और उसके मूल सिद्धांतों को समझा। इसके साथ ही बेतार दूरसंचार पर अन्यत्र जो भी प्रयोग किए जा रहे थे, उनके परिणामों पर लिखे हर लेख को पढ़ा, फिर भी वे तत्कालीन दिग्गज भौतिकशात्रियों के स्तर तक नहीं पहुँच सकते थे। अतः जब कभी कोई बड़ा वैज्ञानिक किसी मूल सिद्धांत के बारे में उनसे प्रश्न करता, तो वे उसका उतना सटीक उत्तर नहीं दे पाते थे जितना उनके जैसे आविष्कारक से अपेक्षित था। इसका एक और कारण यह भी था कि वे अपने आविष्कार के बारे में बहुत बारीकी से किसी को भी कुछ बताना नहीं चाहते थे। मार्कोनी भली-भाँति समझते थे कि उनके आविष्कार का व्यावसायिक मूल्य क्या है। उन्हें सदा आशंका रहती थी कि कोई उनका सिद्धांत चुराकर उनका प्रतिद्वंद्वी न बन जाए। यह आशंका निराधार भी न थी। इन दो कारणों से दिग्गज वैज्ञानिकों के क्षेत्र में उनके कार्य के प्रति अविश्वास उपजा।

अब वह समय आ गया था कि मार्कोनी अपने आविष्कार का व्यावसायिक उपयोग आरंभ करें। उन्होंने बोर्नमाउथ और वे द्वीप के मध्य रेडियो दूरसंचार स्टेशन स्थापित कर इसका शुभारंभ किया। 3 जून, 1898 को लॉर्ड केल्विन ने अपने एक मित्र को संदेश भेजकर इसका विधिवत्

उद्घाटन किया। चूँकि वे उस समय के प्रसिद्ध भौतिकशास्त्रियों में से एक थे, उनके द्वारा उद्घाटन का अर्थ था मार्कोनी के आविष्कार में व्यावसायिक उपयोग पर सफलता की मोहर लगाना। इसका आशा के अनुरूप ही प्रभाव हुआ और दुनिया भर में यह समाचार प्रकाशित होते ही मार्कोनी की ख्याति के साथ-साथ उनके रेडियो दूरसंचार का व्यावसायिक महत्त्व भी विश्व के कोने-कोने तक पहुँच गया।

इसके कुछ ही अरसे बाद एक और अवसर आया जिसने मार्कोनी के आविष्कार के एक अन्य पहलू को उजागर कर दिया। 20 से 22 जुलाई, 1898 के बीच किंग्सटाउन से प्रसिद्ध नौका दौड़ होने जा रही थी। यह उन दिनों की एक महत्त्वपूर्ण प्रतियोगिता थी, जिसमें इंग्लैंड के जनसाधारण से लेकर संभ्रांत-वर्ग तक सभी बहुत दिलचस्पी रखते थे। डबलिन के समाचार-पत्र डेली एक्सप्रेस के प्रबंधकों को प्रतियोगिता का समाचार संकलित करने की एक नई तरकीब सूझी। उन्होंने मार्कोनी से पूछा कि क्या वे अपने बेतार के दूरसंचार की मदद से प्रतियोगिता का समाचार उन्हें निरंतर दे पाएँगे? यह बहुत अच्छा अवसर था जिसके माध्यम से मार्कोनी अपने आविष्कार के एक और व्यावसायिक उपयोग का प्रदर्शन कर सकते थे। वे तुरंत राजी हो गए।

मार्कोनी ने इस काम के लिए किंग्सटाउन में एक रिसीवर स्थपित किया। उसके बाद भागदौड़ के साथ-साथ चलने के लिए एक तीव्रगामी नौका लेकर उस पर ट्रांसमीटर बैठाया। किंग्सटाउन से डेली एक्सप्रेस के कार्यालय तक समाचार पहुँचाने के लिए उन्होंने टेलीफोन सेवा का उपयोग किया। यह तरीका बहुत कामयाब हुआ। नौकादौड़ का आँखों देखा हाल लगातार एक्सप्रेस कार्यालय तक पहुँचता रहा और समाचार-पत्र उसकी खबरें छापने में सबसे आगे रहा। ब्रिटेन की तत्कालीन महारानी विक्टोरिया इससे बहुत प्रभावित हुईं। उन्होंने आदेश दिया कि ऑक्सफोर्ड हाउस और वे द्वीप के बीच बेतार का संदेश स्थापित किया जाए, जहाँ युवराज (यानी

सम्राट् एडवर्ड सप्तम) घुटने की चोट के कारण राजसी नौका में विश्राम कर रहे थे। आज्ञा का पालन हुआ और महारानी को युवराज का उपचार करनेवाले डॉक्टर से उनका हाल-चाल निरंतर बिना किसी विलंब के मिलने लगा।

बाद में डेली एक्सप्रेस की सफलता से प्रभावित होकर न्यूयॉर्क के समाचार-पत्र हेराल्ड ने भी मार्कोनी को अमेरिका आकर उनके अखबार के लिए वैसा ही प्रबंध करने का आग्रह किया। उन्हें अपने आविष्कार की सफलता प्रदर्शित करने का यह एक और बड़ा अवसर मिल रहा था, लेकिन उन्होंने अपनी व्यस्तता के कारण उन्हें मना कर दिया। उन दिनों वे इंग्लैंड और फ्रांस के तटों के बीच इंगलिश चैनल के आर-पार संदेश भेजने की अपनी महत्त्वाकांक्षी योजना पर काम कर रहे थे। इंग्लैंड में तो वे पूरी तरह स्थापित थे ही, मगर फ्रांस की सरकार इस काम में विशेष दिलचस्पी नहीं दिखा रही थी, लेकिन चैनल के सारे प्रकाशस्तंभों का प्रबंधन अंग्रेज नाविकों के संगठन ट्रिनिटी हाउस के पास था। इससे पहले कि मार्कोनी उनके पास अपना औपचारिक प्रस्ताव भेजते, उनकी तरफ से ही अनुरोध हुआ कि वे दक्षिणी फोरलैंड के प्रकाशस्तंभ और डोवर के खतरनाक जलडमरू मध्य के समुद्र की स्थिति पर निरंतर नजर रखने के लिए एक जलयान पर स्थापित प्रकाशस्तंभ के बीच बेतार का संपर्क बनाएँ। नाविकों के लिए यह अत्यंत उपयोगी था, क्योंकि उससे समुद्र के उग्र होने की सूचना समय पर मिल जाने से कई दुर्घटनाओं को टाला जा सकता था।

मार्कोनी को मानो मन की मुराद मिल गई। उन्होंने तुरंत इस प्रस्ताव को स्वीकार कर लिया। बहुत कम समय में यह काम पूरा हो गया और स्थापना के पहले दिन से ही उनके बेतार के उपकरण ने अपना काम करना आरंभ कर दिया। इसके बाद उस क्षेत्र में आए अनेक भयानक तूफानों की सूचना अत्यंत खराब मौसम में भी मार्कोनी के बेतार के उपकरण

से निर्विघ्न पहुँचती रही, जो नाविकों के लिए अमूल्य साबित हुई।

यह मार्कोनी की सफलता का एक और पड़ाव था, लेकिन इंगलिश चैनल के एक छोर से दूसरे छोर तक रेडियो दूरसंचार की स्थापना फ्रांस की सरकार की अनुमति और आदेश के बिना नहीं की जा सकती थी। शीघ्र ही यह कसर भी पूरी हो गई। ब्रिटिश प्रकाशस्तंभों के बीच बेतार के दूरसंचार का समाचार फैलने के कुछ अरसा बाद ही फ्रांस की सरकार की तरफ से मार्कोनी को इंगलिश चैनल के आर-पार संदेश प्रणाली स्थापित करने का आदेश मिला, जिसका प्रस्ताव उन्होंने बहुत पहले से भेज रखा था। इस विलंब का कारण शायद विश्व की अनेक सरकारों की तरह फ्रांस की सरकार का भी किसी नई चीज को जल्दी न अपनाने का रवैया हो सकता है। दूसरा कारण, सदा से राजनीतिक अस्थिरता के लिए प्रसिद्ध फ्रांस में उन दिनों भी व्याप्त उथल-पुथल हो सकती है। बहरहाल देर से ही सही, मार्कोनी को यह आदेश मिला तो वे इस नई चुनौती के लिए तैयार हो गए। प्रकाशस्तंभों के बीच 20 मील की दूरी की अपेक्षा यह दूरी 32 मील थी। इस चुनौती को पूरा करने से उनकी सफलता का एक और प्रमाण सबके सामने आता। नहर के इंग्लैंड वाले छोर पर दक्षिणी फोरलैंड में तो मार्कोनी ने अपने बेतार के दूरसंचार उपकरण पहले से ही स्थापित किए हुए थे। अब फ्रांस के छोर पर विमेरियस में उपकरण स्थापित करने थे। यह काम भी बड़ी शीघ्रता से संपन्न हो गया और इस प्रकार मार्कोनी की कंपनी ने पहला अंतरराष्ट्रीय रेडियो दूरसंचार स्थापित करने में सफलता प्राप्त की।

मार्कोनी के दूरसंचार उपकरण की बड़ी तेजी से फैलती लोकप्रियता का कारण इसका बेतार होना तो था ही, इसकी एक और वजह थी— उसके प्रयोग की विधि का अत्यंत सहज-सरल होना। यह कोई जटिल प्रक्रिया न थी और एक सामान्य नाविक भी थोड़ा सा समझाने के बाद उस उपकरण पर आसानी से संदेश प्रसारित कर सकता था।

नित नए प्रयोगों को करते हुए और नई चुनौतियों का सामना करते हुए मार्कोनी अपने उपकरणों में लगातार सुधार कर रहे थे। फ्रांस और इंग्लैंड के बीच बेतार संपर्क स्थापित करते हुए उन्होंने नई आवश्यकताओं की पूर्ति के लिए चार सर्किटवाला ट्यूनर बनाया। यह एक बड़ा और महत्त्वपूर्ण आविष्कार था। अतः मार्कोनी ने उसका पेटेंट कराना आवश्यक समझा। उन्होंने आवेदन किया और 28 जून, 1904 को उन्हें पेटेंट मिल गया। एक ओर जहाँ उन्हें फ्रांस की आवश्यकताओं के अनुरूप उपकरण स्थापित करके उन्हें संतुष्ट करने का अवसर और व्यावसायिक लाभ मिल रहा था, वहीं दूसरी ओर इसके लिए नए-नए प्रयोग करने का अवसर भी मिल रहा था। समुद्र में और समुद्र से धरती पर तथा धरती से समुद्र में संकेत भेजने में विभिन्न स्थितियों और मौसमों में किए गए प्रयोगों से मार्कोनी को बहुमूल्य आँकड़े मिले, जो उनके आविष्कार का आगे विकास करने में अत्यंत सहायक सिद्ध हुए।

फ्रांस से फुरसत पाने के बाद मार्कोनी ने फिर से अपना ध्यान ब्रिटेन की तरफ केंद्रित किया। ब्रिटेन के नौसेना अधिकारी मालवाहक और यात्री जलपोतों के लिए मार्कोनी के बेतार दूरसंचार की उपयोगिता के कायल हो चुके थे। अब वे नौसैनिक युद्ध की स्थिति में इसकी उपयोगिता परखना चाहते थे। अतः उन्होंने मार्कोनी को एक प्रमुख नौसैनिक अभ्यास के दौरान अपनी संचार-प्रणाली का प्रदर्शन करने के लिए आमंत्रित किया।

इस नए अवसर का स्वागत करते हुए मार्कोनी और उनके सहायक तुरंत अपने काम में लग गए। ब्रिटिश नौसेना की आवश्यकतानुसार उन्होंने ध्वजपोत अलेक्जेंड्रा और गश्तीपोतों जूनो तथा यूरोपा पर अपने उपकरण स्थापित किए। स्वयं मार्कोनी दूरसंचार का संचालन कर रहे थे। अभ्यास के दौरान जब ध्वजपोत बहुत दूर, आँखों से ओझल हो जाता था, तब वह अपने आदेश जूनो व यूरोप को भेजता था, फिर ये गश्तीपोत उन आदेशों को अपने निकटवर्ती सभी नौकाओं को देते थे। दूरसंचार का यह प्रयोग

बहुत सफल रहा और इस दौरान जूनो और यूरोपा के बीच अधिकतम 60 नौसैनिक मीलों की दूरी तक स्पष्ट संकेत भेजे गए।

समुद्र में संकेत भेजने की इस सफलता के कुछ समय उपरांत तय किया गया कि धरती पर संकेत भेजने के लिए किसी स्थायी संचार प्रणाली की स्थापना की जाए। इसके लिए एक स्टेशन चेम्सफोर्ड पर और दूसरा हार्विच पर स्थापित किया गया, जो चेम्सफोर्ड से 40 मील की दूरी पर था। इसकी सफलता ने जहाँ यह साबित कर दिया कि इतनी दूर तक मार्कोनी के बेतार के दूरसंचार से स्पष्ट संकेत भेजे जा सकते हैं, वहीं एक बार फिर साबित कर दिया कि पृथ्वी की वक्रता बेतार के संदेश प्रसारण में बाधक नहीं होती। तदुपरांत धरती और समुद्र की मिश्रित दूरी पर संकेत भेजने के प्रयोग जारी रहे। इसमें वियेरक्स से हार्विच या चेम्सफोर्ड तक सीधे संकेत भेजने के सफल प्रयास किए गए। वियेरक्स से हार्विच कोई 85 मील की दूरी पर है। वियेरक्स से चेम्सफोर्ड भी लगभग इतनी ही दूरी पर है। वियेरक्स से डोवर टाउन हॉल की 30 मील की दूरी तक भी स्पष्ट संकेत भेजे गए, जिनके रास्ते में खड़ी चट्टानों के कारण किसी तरह की बाधा नहीं आई। इसके साथ ही यह भी एक बार और स्पष्ट हो गया कि धरती और जल में मिले-जुले अंतर से होकर हर्टजन की तरंगों से संकेत भेजना नितांत संभव है।

□

5

अमेरिकी नियंत्रण

अमेरिका का प्रसिद्ध समाचार-पत्र न्यूयॉर्क हेराल्ड, वहाँ होनेवाली अंतरराष्ट्रीय स्तर की अमेरिका कप नौकादौड़ के समाचार संकलन के लिए मार्कोनी के बेतार के दूरसंचार का प्रयोग करना चाहता था। इसके लिए उसने आविष्कारक को अमेरिका आने का निमंत्रण भी भेजा था, जिसे मार्कोनी ने पहले अपनी व्यस्तता के कारण स्वीकार नहीं किया था, लेकिन अब इंगलिश चैनल के अपने प्रयोगों से फुरसत पाने के बाद उन्होंने इसे स्वीकार कर लिया। संयोगवश लगभग उसी समय ईवनिंग टेलीग्राफ ने भी उन्हें निमंत्रण भेजा। इस प्रकार उन्हें अपने आविष्कार के व्यावसायिक उपयोग का प्रदर्शन करने के एक साथ ही दो अवसर मिल गए।

11 सितंबर, 1899 को मार्कोनी अपने कुछ विशेष सहायकों के साथ अपने नवीनतम उपकरण लेकर न्यूयॉर्क के लिए रवाना हुए। मार्कोनी ने अमेरिका पहुँचकर पहले की तरह ही एक स्टेशन स्थल पर स्थापित किया और नौकादौड़ की प्रगति का आँखों देखा हाल निरंतर भेजने के लिए एक तीव्रगामी नौका किराए पर लेकर उस पर अपने उपकरण जमाए। वे और उनके साथी अपने काम की सफलता के लिए पूर्णतः

आश्वस्त थे, क्योंकि एक बार पहले वे इस कारनामे को अंजाम दे चुके थे। 5 अक्तूबर को जब नौकादौड़ हुई, तो समाचार संप्रेषण के परिणाम आशानुरूप ही हुए। न्यूयॉर्क हेराल्ड के सभी संस्करणों में इस प्रतियोगिता के समाचार अत्यंत शीघ्रता से और विस्तार से प्रकाशित हुए, जिससे अखबार की शाख और मार्कोनी के आविष्कार की उपयोगिता, दोनों में वृद्धि हुई।

जैसा कि स्वाभाविक ही था, अमेरिकी नौसेना के अधिकारी मार्कोनी के आविष्कार का अपने लाभ के लिए उपयोग करने को व्यग्र थे। यूरोप के कई देशों से उन्हें अपनी-अपनी नौसेनाओं के लिए रेडियो दूरसंचार स्थापित करने के प्रस्ताव आ रहे थे। अमेरिकी इस मामले में पिछड़ना नहीं चाहते थे। उन्होंने मार्कोनी को नौसेना के लिए प्रदर्शन करने के निमित्त आमंत्रित किया। अपने प्रदर्शन के दौरान मार्कोनी ने दो अमेरिकी युद्धपोतों के बीच और एक युद्धपोत और धरती पर स्थापित एक स्टेशन के बीच संकेत भेजकर अपने आविष्कार की उपचोगिता का प्रमाण दिया। ये संकेत 60 मील तक की दूरी पर भेजे गए। यहाँ विभिन्न प्रयोगों के दौरान पाया गया कि जहाँ बीच में कुछ व्यवधान थे, संकेत स्पष्ट नहीं मिले। मार्कोनी ने कहा कि यह कोई बड़ी बात नहीं। वे अपने उपकरणों में थोड़ा और सुधार करके किसी भी तरह के व्यवधानों के पार स्पष्ट संकेत भेज सकते हैं।

यह कैसे संभव होगा? इसके लिए उपकरणों में किस सिद्धांत के तहत कैसे सुधार किए जाएँगे? अमेरिकी विशेषज्ञों द्वारा पूछे गए इन सवालों का मार्कोनी ने कोई स्पष्ट उत्तर नहीं दिया। वे अपने आविष्कार की गोपनीयता बनाए रखने के प्रति बहुत सावधान रहते थे। अमेरिका में उनके आविष्कार के इस आधुनिकृत रूप का पेटेंट नहीं हुआ था। अब तक विश्व के सभी वैज्ञानिकों को यह बात स्पष्ट हो चुकी थी कि अगर दोलन की आवृत्ति के लिए एक अच्छा ऊर्जा-उत्सर्जक चक्र बनाया जा

सके तो स्पार्क से उत्पन्न दोलन रेडियो ऊर्जा में परिवर्तित हो जाते हैं। अब सारा रहस्य इसमें छिपा था कि व्यवहारतः यह कैसे संभव होता है। मार्कोनी अपना पेटेंट हो जाने से पहले इसका स्पष्टीकरण करने को तैयार न थे और अमेरिकी स्पष्टीकरण के बिना उनकी बात को सिर्फ एक आविष्कारक का दावा मान रहे थे। इस दौरान मार्कोनी ने अमेरिका में अपने आविष्कार का पेटेंट करने का आवेदन कर दिया था। शीघ्र ही यह बात भी उजागर हो गई कि मार्कोनी की आशंका निराधार न थी। एक अमेरिकी वैज्ञानिक ने 1901 में उन पर रेडियो दूरसंचार के प्रथम आविष्कारक होने का दावा करने के विरुद्ध मुकदमा कर दिया। इस न्यायिक विवाद में मार्कोनी विजयी रहे और अमेरिकी उच्च न्यायालय के उनके हक में फैसला देने के बाद फिर किसी ने उन्हें चुनौती देने का साहस नहीं किया।

अमेरिका में अपना काम खत्म करने के बाद मार्कोनी अपने साथियों के साथ जलपोत से इंग्लैंड के लिए रवाना हो गए। उनकी इंग्लैंड वापसी शुरू होने से पहले ही दक्षिणी अफ्रीका में सैनिक झड़पें आरंभ हो गई थीं, जिन्होंने अब भयंकर युद्ध का रूप ले लिया था। जैसा कि स्वाभाविक था, जलपोत के यात्री भी युद्ध का समाचार जानने के लिए व्यग्र थे। मार्कोनी को इसका एक उपाय सूझा। द्वीप पर उनका एक स्थायी दूरसंचार स्टेशन था। मार्कोनी के पास जहाज में वे सारे उपकरण थे, जो वे अपने साथ अमेरिका ले गए थे। उन्होंने अपने सहयोगियों की सहायता से इस जलपोत सेंटपॉल पर एक बेतार का स्टेशन स्थापित करके द्वीप के अपने स्टेशन से संपर्क बनाया, ताकि युद्ध के नवीनतम समाचार मिल सकें। 66 समुद्री मील की दूरी पर स्थित इस द्वीप से संपर्क बना लेने पर वहाँ से समाचार आने आरंभ हो गए। अब उन्हें जलपोत के सभी यात्रियों तक पहुँचाने का काम बाकी था। इसके लिए मार्कोनी ने ट्रांसएटलांटिक टाइम्स के नाम से एक छोटा अखबार प्रकाशित

करना आरंभ किया, जिसकी प्रतियाँ एक डॉलर प्रति अखबार की दर से यात्रियों को दी गईं। इस प्रकार उनके आविष्कार का एक और व्यावहारिक उपयोग सामने आया। यह खबर फैलने पर बाद में जिसकी ओर यूरोप की सभी बड़ी जहाजरानी कंपनियों का ध्यान आकृष्ट हुआ।

समुद्री यात्रा के दौरान यात्रियों को कोई विशेष काम तो होता नहीं। नित नए प्रयोगों में व्यस्त रहने और नई-नई समस्याएँ सुलझाने में लीन रहनेवाले मार्कोनी भी पोत पर बेतार का स्टेशन स्थापित करने के बाद अब कुछ अधिक व्यस्त न थे। पोत में यात्रा कर रहे अन्य लोगों के लिए तो वे आकर्षण का केंद्र थे ही, एक अमेरिकन सुंदर युवती जोस्फीन होल्यन इस युवा आविष्कारक के प्रति बहुत आकर्षित हो गई। दोनों में जान-पहचान, दोस्ती और फिर प्रेम भी हो गया। चंद दिनों में ही प्यार की पींगें इतनी बढ़ गईं कि जलपोत के इंग्लैंड का छोर छूने से पहले ही उन्होंने मँगनी भी कर डाली। दोनों के परिवार इस संबंध के प्रति विशेष उत्साहित न थे, पर उनकी भावनाओं की कद्र करते हुए उन्होंने अपनी सहमति दे दी। बाद में ठंडे दिमाग से सोचने-विचारने के पश्चात् जोस्फीन को लगा कि अपने प्रयोगों और व्यावसायिक गतिविधियों में अत्यंत व्यस्त रहनेवाले आविष्कारक को जीवनसाथी बनाना उचित न होगा। दो साल तक चले इस प्रेम-संबंध का अंत उसके शादी से इनकार ने कर दिया। मार्कोनी को थोड़ा झटका तो लगा, पर वे उसे लेकर बहुत भावुक या निराश नहीं हुए। अपने काम में अत्यधिक व्यस्त मार्कोनी के पास शायद ऐसी बातों के लिए समय नहीं था।

अपनी समुद्री यात्रा के दौरान मार्कोनी ने युद्ध के समाचार प्राप्त करने के लिए जलपोत पर बेतार का दूरसंचार स्थापित किया। उससे पहले अमेरिका से रवाना होने से पूर्व ही उन्होंने अपनी दूरसंचार कंपनी के एक वरिष्ठ अधिकारी को संदेश भेजकर ब्रिटिश सेना को युद्ध के दौरान अपनी सेवाएँ देने का प्रस्ताव प्रस्तुत करने को कहा। सेना के

उच्च अधिकारियों को यह स्पष्ट रूप से बहुत उपयोगी लगा। उन्होंने मार्कोनी की कंपनी के अधिकारी श्री बुलक से पूछा कि क्या वे और उनके सहायक अग्रिम युद्धक्षेत्र में जा सकेंगे? इसके उत्तर में श्री बुलक ने बताया कि हम सब तैयार हैं। वे निर्भीकता से युद्ध में अपनी सेवाएँ देने के लिए अग्रिम क्षेत्र में पहुँच तो गए, पर वहाँ पूरा इंतजाम नहीं था। शायद युद्ध में संलग्न ब्रिटिश सेना के अधिकारियों को जानकारी नहीं थी कि मार्कोनी के दल को बेतार का संदेश प्रसारण के लिए एरियल लगाने के निमित्त ऊँचे खंभों की जरूरत होती है या फिर वे युद्ध में रात-दिन व्यस्त होने के कारण इनका प्रबंध नहीं कर पाए थे। श्री बुलक और उनके सहयोगियों ने पतंगें उड़ाकर और बड़े-बड़े गुब्बारे ऊँचाई तक उड़ाकर यह कमी पूरी की, पर इससे उन्हें आंशिक सफलता ही मिली। कारण यह कि पतंग या गुब्बारे हवा के रुख पर और उसकी तेजी पर निर्भर करते थे, जबकि खंभे एक जगह स्थिर रहकर निश्चित ऊँचाई से निश्चित ऊँचाई तक संदेश भेजते थे। सेना के अधिकारियों को इस समस्या का पता चल गया तो उन्होंने यथाशीघ्र खंभों का प्रबंध भी किया, जिसके बाद संदेश संतोषजनक तरीके से भेजे जाने लगे। किसी भी युद्ध के दौरान संदेशों का आदान-प्रदान बहुमूल्य होता है। इसलिए शत्रु का प्रयास होता है कि वे संदेश भेजनेवाला तार काट दें। बेतार से संदेश भेजना इस समस्या से मुक्त था। इसमें तारों का जाल बिछाने की समस्या भी नहीं थी और एक स्थल से संदेश भेजने के स्टेशन आवश्यकता के अनुसार अन्यत्र ले जाने में भी आसानी थी। बहरहाल युद्ध में मार्कोनी के बेतार दूरसंचार के थलसेना के लिए उपयोगी होने का भी एक स्पष्ट प्रमाण सारी दुनिया को मिल गया। उनके दल की तत्परता, कुशलता और वीरता की सर्वत्र सराहना हुई। स्वयं मार्कोनी ने भी मुक्त कंठ से अपने सहयोगियों की प्रशंसा की।

इंग्लैंड पहुँचते ही मार्कोनी अपनी बेतार की दूरसंचार प्रणाली से

अधिक-से-अधिक दूरी तक संदेश पहुँचाने और सामान्य पलों के लिए भी तार सेवा को उपलब्ध कराने की अपनी पहली योजना को कार्यान्वित करने में लग गए। अटलांटिक महासागर के आर-पार संदेश भेजने के लिए उन्होंने एक योजना बनाई और उसके लिए प्रयोग आरंभ कर दिए। इस दिशा में प्रगति के लिए उन्होंने एक महत्त्वपूर्ण काम यह किया कि इंग्लैंड के तत्कालीन शीर्ष स्तर के भौतिकशास्त्री प्रोफेसर जॉन एंब्रोज फ्लेमिंग को अपनी कंपनी का वैज्ञानिक सलाहकार नियुक्त किया। इसके साथ ही उन्हें सभी आवश्यक सुविधाएँ प्रदान की गईं। विद्युत् चुंबक के सिद्धांतों का जो ज्ञान प्रोफेसर फ्लेमिंग को था, वे मार्कोनी को तो नहीं था। अत: अपने प्रयोगों के दौरान होनेवाली कठिनाइयों के समाधान के लिए वे अपने परामर्शदाता पर निर्भर रहना चाहते थे। उनका यह निर्णय उनके आविष्कार के आगे के विकास के लिए बहुत सार्थक सिद्ध हुआ।

अन्य आविष्कारकों की तुलना में मार्कोनी में एक यह बड़ा अंतर था कि वे अपने आविष्कार का व्यावसायिक उपयोग करके लाभ कमाने के प्रति भी उतने ही सजग और सक्रिय थे। उन्होंने आविष्कार की सफलता के बाद से निरंतर दो मोर्चों पर काम किया—वैज्ञानिक और व्यावसायिक। अपने आविष्कार की हर व्यावसायिक सफलता को व्यावहारिक जामा पहनाकर उसका लाभ उठाने का उनका प्रयास सदा जारी रहा। इसी क्रम में दो मुख्य घटनाएँ हुईं—एक तो 23 फरवरी, 1900 को हुई शेयरधारकों की आम सभा में उनकी दी वायरलेस टेलीग्राफ ऐंड सिग्नल कंपनी लिमिटेड का नाम बदलकर दी मार्कोनी वायरलेस टेलीग्राफ कंपनी लिमिटेड कर दिया गया। इस बारे में उल्लेखनीय बात यह थी कि न तो मार्कोनी ने स्वयं कोई ऐसा प्रस्ताव रखा था और न इसके लिए कभी कोई मंशा जाहिर की थी।

खैर, यह तो सिर्फ नाम बदलने भर की बात थी। उनका दूसरा कदम व्यावसायिक दृष्टि से बहुत महत्त्व रखता था। 25 अप्रैल, 1900

को उन्होंने जलयानों पर बेतार का दूरसंचार स्थापित करने के लिए एक अलग कंपनी की स्थापना की। इसका नाम मार्कोनी इंटरनेशनल मैरीन कम्यूनिकेशन कंपनी लिमिटेड रखा गया। यह विभाजन आवश्यक था, क्योंकि समुद्र में बेतार का संचार स्थापित करने की माँग यूरोप के अनेक देशों से निरंतर उन्हें आ रही थी। जर्मनी की सरकार मार्कोनी के आविष्कार पर निरंतर नजर रख रही थी। वह चाहती थी कि उसका देश रेडियो दूरसंचार में आत्मनिर्भर बने। इसके लिए वहाँ जी-तोड़ कोशिशें जारी थीं। जर्मन प्रोफेसर स्लेबी ने मार्कोनी के अनेक प्रयोगों के दौरान वहाँ रहकर उनके उपकरणों को पास से देखा था। स्वदेश लौटने के बाद उन्होंने उसके अनुरूप उपकरण बनाने और प्रयोग करने का काम जारी रखा, पर विशेष सफलता न मिली। 1900 में जर्मनी की सरकार ने मार्कोनी की कंपनी से उपकरण खरीदकर उनके तकनीशियनों की मदद से रिक और प्रकाशपोत बोर्कम के बीच संपर्क स्थापित किया, जो सफल सिद्ध हुआ। उपकरण उनके पास होते हुए और उनके संचालन की विधि एवं संचालन की जानकारी के बावजूद वहाँ के शीर्षस्थ वैज्ञानिक भी खुद की बेतार दूरसंचार प्रणाली विकसित करने में सफल नहीं हुए। अलबत्ता कुछ ने यह आक्षेप अवश्य किए कि मार्कोनी ने रेडियो दूरसंचार संबंधी जर्मन शोध की मदद लेकर ही अपनी प्रणाली विकसित की है।

यह सच तो नहीं था, लेकिन इसे पूरी तरह झूठ कहना भी उचित न होगा। सच्चाई तो यह है कि संसार के अनेक आविष्कार पहले से ज्ञात सिद्धांतों के अध्ययन और उनके व्यावहारिक प्रयोग को लेकर आगे किए गए शोध का परिणाम होते हैं। मार्कोनी ने भी आरंभ से ही रेडियो दूरसंचार में विश्व भर में उनके समय में हुए शोध और प्रयोगों का गहन अध्ययन किया था। समय-समय पर होनेवाले प्रयोगों और उनके परिणामों पर वे निरंतर नजर रखे हुए थे। इससे अपने काम को आगे बढ़ाने में उनको बहुत सहायता मिली थी और इस बात को उन्होंने कभी छिपाने

की भी कोशिश नहीं की थी, लेकिन यह कहना कि उनका आविष्कार जर्मन वैज्ञानिकों के सिद्धांतों पर आधारित था, उस महान् वैज्ञानिक के प्रति अन्याय होगा।

मार्कोनी के पास निरंतर जारी जर्मन टीका-टिप्पणी के विरुद्ध जवाब देने का सबसे प्रभावी और सकारात्मक तरीका था अपने उपकरणों में और संशोधन करते हुए अपने आविष्कार को और उपयोगी बनाना। अथक परिश्रमी मार्कोनी अपनी धुन में लगे रहे। उन्होंने अपनी कंपनी का प्रबंधन और आविष्कार, दोनों मोर्चों को बड़ी कुशलता से सँभाल रखा था। 1900 के साल में उन्होंने एक और बड़ी उपलब्धि हासिल की। उन्होंने वे द्वीप और कार्नवाल के बीच 300 किलोमीटर की दूरी के बीच बेतार दूरसंचार स्थापित करने का बीड़ा उठाया और एंटीना अधिक ऊँचाई पर स्थापित करने व उपकरणों में थोड़ा और परिवर्तन करने के बाद उसमें सफल रहे। अब यह बात विश्व के वैज्ञानिकों के सामने एकदम स्पष्ट हो गई कि पृथ्वी की वक्रता हर्टिजन तरंगों के मार्ग में बाधक नहीं होती। वह हर तरह की शंकाओं का उत्तर इसी तरह व्यावहारिक और प्रत्यक्ष प्रमाण देकर किया करते थे, जिसके बाद किसी तर्क या विवाद की गुंजाइश ही नहीं रहती थी।

मार्कोनी का अगला कदम, अमेरिका और यूरोप के बीच रेडियो दूरसंचार स्थापित करने का था। इस कार्य को संपन्न करने में एक बड़ी बाधा यह आई कि इसके लिए बहुत बड़ी धनराशि की आवश्यकता थी। इसमें संदेह नहीं कि योजना के सफल हो जाने पर उतना ही बड़ा लाभ भी होता, पर मार्कोनी के निवेशकों को यह अकल्पनीय लगा। इसके विफल होने का जोखिम भी बहुत बड़ा था। आखिर मार्कोनी की अब तक की बड़ी सफलताओं को देखते हुए कुछ निवेशक तैयार हो गए और मार्कोनी व उनके सहयोगियों ने इस पर काम करना आरंभ कर दिया।

सबसे पहले उन्हें इस पार एक उपयुक्त स्थान की तलाश थी, जहाँ एक अत्यंत शक्तिशाली स्टेशन बनाया जा सके। इसके लिए खोज आरंभ हुई और अंततः इंग्लैंड के समुद्री किनारे पर स्थित कोर्नवाल में पोलधू पर इसे स्थापित करने का फैसला लिया गया, जहाँ अंतरीप समुद्र में आगे को निकला हुआ था। अपनी महती योजना को सफल बनाने के लिए मार्कोनी को अब तक प्रयोग में लाए गए ट्रांसमीटरों से सौ गुना अधिक शक्तिशाली ट्रांसमीटर की दरकार था। कागजों पर लगाए गए गणित में तो यह सब सही था, लेकिन इसे अमली जामा पहनाने में कई तरह की बाधाएँ थीं। इस कठिन चुनौती को पूरा करने में उनके सहयोगी और सैद्धांतिक सलाहकार डॉ. फ्लेमिंग ने अमूल्य सहयोग दिया। समस्वरित बेतार प्रणाली में चक्रों के मध्य अनुनाद होता है, जिससे उत्पन्न विद्युत्-स्फुर्लिंगों को ट्रांसफॉमरों व आल्टरनेटरों में लौटने से रोकना आवश्यक होता है। इसके लिए विशेष प्रकार की प्रणाली डिजाइन करना आवश्यक था, क्योंकि ऐसी स्थिति से उत्पन्न लहरें विद्युत् अवरोध को भंग कर देतीं और सारी प्रणाली ठप पड़ जाती। डॉ. फ्लेमिंग ने इस समस्या के हल के लिए कई उपकरणों के डिजाइन तैयार किए। मार्कोनी ने उनमें सबसे सरल प्रणाली को आजमाने का निर्णय लिया, जो सफल रही।

अब तक मार्कोनी के समस्वर बेतार दूरसंचार के सिद्धांत को अच्छी तरह समझ लिया गया था, लेकिन इसके बावजूद उनकी नकल करनेवालों को विफलता ही हाथ लगी थी। मार्कोनी की तत्कालीन उपलब्धियों का आकलन करनेवालों का कहना है कि उनके सिद्धांतों का उपयोग करने का आरोप लगानेवाले जर्मनी के दिग्गज वैज्ञानिक भी मार्कोनी से वर्षों पिछड़े हुए थे। दरअसल मार्कोनी ने अपने प्रयोगों के रास्ते में आनेवाली हर कठिनाई को अपने अनुभव के आधार पर हल किया था, जिसका मुकाबला कोई भी कोरा सिद्धांत नहीं कर सकता था। जनवरी, 1901 में

जब पोलधू का स्टेशन बनकर तैयार हो गया, तो वहाँ प्रयोग आरंभ कर दिए गए। यूरोप से अमेरिका तक बेतार संकेत भेजने की अपनी योजना को सफल बनाने के लिए मार्कोनी को पहले की अपेक्षा सौ गुना अधिक शक्तिशाली संकेत भेजनेवाली प्रणाली की आवश्यकता थी। उन्होंने नए उपकरण इसी आवश्यकता को पूरा करने की दृष्टि से डिजाइन किए थे, लेकिन अमेरिका के छोर पर ऐसा स्टेशन बनाने का भारी निवेश करने और परिश्रम करने से पहले पोलधू स्टेशन की दक्षता को जाँचना-परखना आवश्यक था। इसके लिए पोलधू और वे द्वीप के बीच संकेत भेजे गए। आरंभिक कठिनाइयाँ दूर कर लेने के बाद आशा के अनुरूप परिणाम निकले।

यह बड़ी सफलता थी। इससे उत्साहित होकर, मार्कोनी अपने एक सहयोगी को लेकर अमेरिका के छोर पर स्टेशन स्थापित करने के लिए किसी उपयुक्त स्थान की खोज करने के लिए रवाना हो गए। अंततः उन्होंने मैसाच्यूसेट्स में केपकॉड के निकट साउथ वेलफ्लीट में एक उपयुक्त स्थान खोज निकाला। अपने सहयोगी वेव्यन को उन्होंने वहाँ स्टेशन बनवाने और सारे उपकरण व एंटीना आदि स्थापित करने का काम सौंपा। इसके बाद वे इंग्लैंड लौट आए और विभिन्न देशों के जलपोतों तथा स्टेशनों के मध्य बेतार का दूरसंचार स्थापित करने के अपने कारोबार को विस्तार देने में जुट गए। काम बढ़ रहा था, नए-नए स्टेशन स्थापित किए जा रहे थे, नए-नए पोतों पर भी उपकरण जमाए जा रहे थे। काम इतना बढ़ गया था कि इसके लिए बहुत बड़ी संख्या में कुशल कर्मियों की आवश्यकता थी, लेकिन बेतार का दूरसंचार तो मार्कोनी का आविष्कार था और उसका व्यवसायीकरण केवल उनकी कंपनी ने किया था। अतः विश्व के किसी भी विश्वविद्यालय में इसका प्रशिक्षण नहीं दिया जाता था। मार्कोनी ने इस समस्या का हल फ्रिंटन में बेतार की दूरसंचार इंजीनियरिंग और तकनीक का प्रशिक्षण देने के लिए

एक स्कूल की स्थापना करके निकाला। इस स्कूल के लिए सारा निवेश मार्कोनी की कंपनी ने किया था और इसमें प्रशिक्षित होकर निकले कर्मियों को उनकी कंपनी में नौकरी दी जाती थी। यह बेतार दूरसंचार इंजीनियरिंग में प्रशिक्षण देनेवाला विश्व का पहला स्कूल था। इसकी एक अतिरिक्त विशेषता यह थी कि प्रशिक्षण पाने के बाद प्रशिक्षु को रोजगार मिलना निश्चित था।

इस स्कूल की स्थापना के कुछ अरसे बाद ही विदेशी कर्मियों और कंपनी के सहयोगियों के कर्मियों को प्रशिक्षित करने के उद्देश्य से चेम्सफोर्ड में एक ऐसे ही अन्य स्कूल की स्थापना की गई। चूँकि अब स्कूल की स्थापना मुख्य रूप से समुद्री बेतार दूरसंचार प्रणाली से संबंधित प्रशिक्षण देने के लिए की गई थी, इसलिए मार्कोनी ने 1903 में इसे सीफोर्ड सैंड्स में स्थानांतरित कर दिया, जहाँ दुनियाभर में जहाजरानी को बेतार की दूरसंचार सेवा प्रदान करनेवाली उनकी कंपनी का मुख्यालय था। एक तरफ आविष्कार के विकास के लिए निरंतर प्रयोग हो रहे थे, तो दूसरी ओर नए-नए अनुबंधों के साथ मार्कोनी की कंपनी का व्यावसायिक विकास हो रहा था। सितंबर, 1901 में एक ऐसा ही महत्त्वपूर्ण करार मार्कोनी की कंपनी और लॉयड्स ऑफ लंदन के बीच हुआ। इसके तहत समुद्र में बेतार संकेत भेजने के लिए कम-से-कम 10 स्टेशन बनाने का प्रावधान किया गया था।

चूँकि मार्कोनी की वैज्ञानिक महत्त्वाकांक्षा यूरोप से अमेरिका तक बेतार संकेत भेजने की थी। अतः इसे सफल बनाने के उद्देश्य से वे अधिक-से-अधिक दूरी तक बेतार संकेत भेजने के प्रयोग कर रहे थे। इस सिलसिले में उनके एक प्रयोग के तहत पोलधू के स्टेशन से आयरलैंड के पश्चिमी छोर पर स्थित क्रुकहैवन तक बेतार संकेत भेजे गए। यह दूरी 360 किलोमीटर की थी। मार्कोनी ने इसकी सफलता की चर्चा नहीं की, पर इस सफलता ने उन्हें आश्वस्त कर दिया कि अटलांटिक महासागर

के पार इससे दस गुना दूरी तक संकेत भेजने संभव हैं। जब तक यह संभव नहीं हो जाता, मार्कोनी इस दौरान होनेवाले उद्देश्यों को गुप्त रखना चाहते थे। साउथ वेलफ्लीट में स्टेशन बनाने के काम में प्रगति हो रही थी, लेकिन फिर भी अभी उसमें समय लगना था। मार्कोनी ने उचित समझा कि इस स्टेशन का निर्माण कार्य पूरा होने से पहले अपने नए और सुधारे गए उपकरणों की क्षमता जाँच लें। इस उद्देश्य की पूर्ति के लिए उन्होंने अपना सारा साज-सामान पैक किया और दो कुशल सहयोगियों को लेकर न्यूफाउंडलैंड के लिए रवाना हो गए, जो अब कनाडा का एक प्रांत है।

न्यूफाउंडलैंड पहुँचकर मार्कोनी ने अपने प्रयोग करने के लिए वहाँ के गवर्नर से मिलकर अनुमति प्राप्त की। अपने वास्तविक उद्देश्य को गुप्त रखने की गरज से उन्होंने गवर्नर तथा अन्य अधिकारियों को बताया कि वे तट के पास से होकर गुजरनेवाले जलपोतों के साथ बेतार संकेतों का आदान-प्रदान करने के प्रयोग करना चाहते हैं। अधिकारियों ने इसकी अनुमति देने के साथ-साथ तट के निकटवर्ती किसी भी उपयुक्त स्थान का उपयोग करने की अनुमति उन्हें दे दी और हर संभव सहयोग देने का आश्वासन भी दिया। सारे इलाके का सर्वेक्षण करने के बाद मार्कोनी और उसके साथियों ने सेंट जॉन बंदरगाह के निकट सिग्नल हिल को अपने काम के लिए चुना। इस पहाड़ी पर लगभग दो एकड़ का एक पठार था, जो उनके प्रयोग के उपकरण जमाने के लिए बहुत उपयुक्त था। वहाँ एक मीनार भी थी, जो संकेत भेजने का एंटीना लगाने के लिए मार्कोनी को आवश्यक ऊँचाई प्रदान करती थी।

मार्कोनी अपने आरंभिक प्रयोगों से ही इस निष्कर्ष पर पहुँचे थे कि दूर तक संदेश भेजने के लिए एंटीना की ऊँचाई सहायक होती है और यह अब तक की सबसे बड़ी दूरी थी—पहले से दस गुना अधिक। पोलधू में उन्होंने यथासंभव ऊँचाई पर एंटीना स्थापित किए थे। इधर

न्यूफाउंडलैंड पर उन्होंने अपने काम के लिए सिग्नल हिल की ऊँचाई को चुना जिस पर खड़ी एक मीनार एंटीना की ऊँचाई को बढ़ाने में और भी सहायक थी, फिर भी वे अपने साथ कुछ बैलून और पतंगें ले आए थे, जिनकी सहायता से एंटीना के तार को और ऊँचाई तक पहुँचाया जा सकता था। मार्कोनी ने एक गुप्त संदेश भेजकर पोलधू में अपने सहयोगियों से एक निश्चित समय पर वहाँ से न्यूफाउंडलैंड तक संकेत भेजने का निर्देश दिया था। वे स्वयं इधर अपने साथियों के साथ सिग्नल हिल वाले स्टेशन पर संकेत सुनने की तैयारी कर रहे थे। इसके लिए सबसे पहले उन्होंने एक हजार घन फीट हाइड्रोजन गैस से भरे चौदह फीट व्यास के एक विशाल गुब्बारे को उड़ाया, जो लगभग दस पाउंड के भार के एरियल के तार को लेकर आकाश में उड़ने में सक्षम था। उस दिन मौसम कुछ ज्यादा ही खराब था। पहले हवा तेज चली, गुब्बारा उसके रुख के साथ समुद्र की ओर तेजी से उड़ा, फिर हवा ने तूफान का रूप ले लिया। बार-बार जबरदस्त हिचकोले लगने से अंततः गुब्बारे की रस्सी टूट गई और वह दूर समुद्र में चला गया। कोई सप्ताह भर की तैयारी के बाद उन्होंने फिर प्रयोग आरंभ किया। इस बार बैलून के स्थान पर इस काम के लिए लाई गई विशेष प्रकार की पतंग का सहारा लिया गया। एटलांटिक महासागर की तेज आँधियाँ जहाँ बैलून उड़ाने में बाधक थीं, वहीं पतंग उड़ाने में मददगार भी थीं। जब स्टेशन से पतंग उड़ाई गई तो तेज हवा के सहारे जल्दी ही आकाश में ऊँची उड़ चली। उसके साथ 600 फीट ऊँचे एरियल तार थे। देखते-देखते पतंग 400 फीट की ऊँचाई पर जा पहुँची। यह तूफानी हवा में हिचकोले खा रही थी, पर मजबूती से आकाश में टँगी हुई थी।

मार्कोनी के प्रयोगों की प्रतिष्ठा के साथ-साथ अटलांटिक के पार बेतार संकेत भेजने के उनके इस प्रयास में 50 हजार पाउंड की रकम भी दाँव पर लगी हुई थी, जो उस समय की बहुत बड़ी धनराशि थी। कई

तत्कालीन विशेषज्ञों ने दावा किया था कि पृथ्वी की वक्रता इतनी दूरी तक संकेत भेजने में सर्वथा बाधक होगी और ऐसे किसी भी प्रयोग का सफल होना असंभव है। 12 दिसंबर, 1901 के उस ऐतिहासिक दिन, सिग्नल हिल के अपने स्टेशन के एक छोटे से कमरे में बैठे मार्कोनी और उनके सहयोगी केंप बारी-बारी से अपने कानों से ईयरफोन लगाकर पोलधू से अपने संकेत को सुनने का प्रयास कर रहे थे। मार्कोनी ने बहुत आसान-सा संकेत निरंतर भेजने का निर्देश दिया था। यह मोर्स की कुंजी पर तीन बार टिक-टिक करता था, जो अंग्रेजी के एक अक्षर का द्योतक होता है। उस खराब मौसम में, इस द्वीप पर मौसम अकसर खराब ही रहता था। आकाश में ऊँची उड़ी पतंग के साथ लगे एरियल यह संकेत पकड़ने के लिए तत्पर थे और नीचे अपने नियंत्रण कक्ष में बैठे ये दो वैज्ञानिक उन्हें सुनने के लिए व्यग्र हो रहे थे। मार्कोनी को अपने प्रयोग की सफलता का भरोसा था। वे अपने कम दूरी के प्रयोगों के आधार पर देख चुके थे कि पृथ्वी की वक्रता संकेत तरंगों के प्रवाह में बाधक नहीं है। माना कि उससे दस गुनी दूरी में वक्रता बहुत बढ़ जाती है, फिर भी यह संकेतों में बाधक नहीं होनी चाहिए। आखिरकार उनकी बात सही साबित हुई। उन्होंने साढ़े बारह बजे के करीब अपने ईयरफोन पर स्पष्ट रूप से तीन बार टिक-टिक की आवाज सुनी, फिर भी इसकी पुष्टि करने के लिए उन्होंने ईयरफोन केंप को दे दिया। जब केंप ने भी स्पष्ट संकेत सुने, तो प्रयोग की सफलता पर दोनों की खुशी का पारावार न रहा। बेतार संकेत की दूरी पर यह अब तक की सबसे बड़ी जीत थी, जिसने इसे असंभव बतानेवालों के सारे तर्क गलत साबित कर दिए।

हालाँकि यह एक छोटा सा संकेत प्राप्त करने का प्रयोग था, जो सफल रहा। इससे सिद्ध हो गया था कि अटलांटिक महासागर के पार बेतार संकेत भेजना संभव है। मार्कोनी ने जिस रिसीवर पर ये संकेत प्राप्त किए थे, वह अत्यंत साधारण किस्म का था। उसमें कुछ व्वायल, कंडेंसर

और एक कोहेरर था। किसी किस्म का वॉल्व, एम्प्लीफायर या क्रिस्टल तक उसमें न था। जब ऐसे रिसीवर पर संकेत प्राप्त करने में सफलता मिल गई, तो फिर बेहतर और परिष्कृत उपकरणों से युक्त स्टेशन पर सब प्रकार के संदेश प्राप्त करना और भेजना कठिन न होगा। यह प्रयोग वैसे भी काफी खराब मौसम में किया गया था। एरियल भी घटती-बढ़ती ऊँचाईवाली हिचकोले खाती पतंग से संलग्न था। इनसे बेहतर स्थिर स्थितियों में संदेश मिलने में अब कोई संदेह न था। मार्कोनी ने प्रयोग की सफलता की सूचना केबल द्वारा इंग्लैंड भेज दी और इसके साथ ही संवाददाताओं को आमंत्रित करके व प्रेस विज्ञप्ति भेजकर सभी समाचार-पत्रों को भी इसकी जानकारी दे दी। यह बहुत बड़ी खबर थी, जिसे दुनियाभर के अखबारों ने प्रमुखता से छापा।

न्यूफाउंडलैंड की सरकार के लिए यह एक सुखद आश्चर्य था। आरंभ में मार्कोनी ने केवल इतना बताया था कि वे द्वीप से समुद्र में आते-जाते जलपोतों तक बेतार संकेत भेजने के प्रयोग करना चाहते थे। अपने वास्तविक उद्‌देश्य को उन्होंने गुप्त रखा था। अब, उसकी सफलता पर सारी बात खुली तो गवर्नर सर कैवेंडिश बॉयल ने आदेश दिया कि इस सफलता का जश्न मनाने के लिए एक बड़ा समारोह किया जाए, जिसमें महान् आविष्कारक मार्कोनी का सम्मान किया जाए। चूँकि उन दिनों न्यूफाउंडलैंड इंग्लैंड का एक उपनिवेश था, अतः गवर्नर ने मार्कोनी को हर प्रकार की सहायता व सहयोग देने की अनुमति प्रदान करने के लिए सम्राट जॉर्ज सप्तम के पास एक आवेदन भेजा। सम्राट् और उनकी काउंसिल ने इस सफलता को महान् वैज्ञानिक उपलब्धि बताकर सहर्ष अनुमति दे दी। न्यूफाउंडलैंड की सरकार ने मार्कोनी से अनुरोध किया कि वे अटलांटिक पार बेतार संदेश भेजने के लिए द्वीप पर एक स्थायी स्टेशन की स्थापना करें। समारोह में अपने सम्मान का उत्तर देते हुए मार्कोनी ने घोषणा की कि वे स्थायी स्तंभों और ऊँची मीनारों पर लगे

एरियल से युक्त और उनके नवीनतम उपकरणों से लैस एक स्टेशन की स्थापना न्यूफाउंडलैंड पर करेंगे।

यह व्यावसायिक दृष्टि से भी एक बहुत बड़ी उपलब्धि थी। अब तक न्यूफाउंडलैंड और इंग्लैंड के बीच संचार समुद्री तार के द्वारा होता था। इसके लिए समुद्र के अंदर बहुत बड़ी धनराशि का निवेश करके तार बिछाए गए थे। उनके रख-रखाव पर भी बड़ा खर्च आता था, फिर भी कई बार तार बदलने पड़ते थे। बेतार संचार का खर्च इसके मुकाबले बहुत कम था। एक बार दोनों छोरों पर स्टेशन बना लेने और उपकरण लगा लेने के बाद रखरखाव और मरम्मत का खर्च बहुत कम था। कम निवेश वाले इस नए आविष्कार के कारण संकेत भी कम खर्च में भेजे जा सकते थे। एक ओर जहाँ यह बहुत बड़ी वैज्ञानिक उपलब्धि थी, दूसरी ओर केबल द्वारा संवाद भेजनेवाली कंपनी के लिए बहुत बड़ा व्यावसायिक खतरा भी था। भारी निवेश करके एक बार अटलांटिक महासागर के आर-पार जलमग्न तार बिछा लेने के बाद आने वाले कई दशकों तक अपने एकाधिकार के चलते उसने मोटा मुनाफा कमाना सुनिश्चित कर लिया था। मार्कोनी की यह सफलता इस ब्रिटिश-अमेरिकन कंपनी के लिए बहुत बड़ा व्यावसायिक झटका था। उसके व्यापार पर पड़नेवाला इसका प्रभाव तुरंत कंपनी के सामने आया। जैसे ही मार्कोनी ने बेतार दूरसंचार से न्यूफाउंडलैंड और इंग्लैंड के बीच संकेत भेजने की सफलता का ऐलान किया, लंदन स्टॉक एक्सचेंज में ब्रिटिश-अमेरिकन केबल कंपनी के शेयरों के भाव गिरने शुरू हो गए।

जहाँ दुनिया में हर जगह मार्कोनी की इस उपलब्धि का स्वागत हो रहा था, उन्हें बधाई संदेश और कई देशों से बेतार संदेश प्रणाली स्थापित करने के प्रस्ताव आ रहे थे, वहीं केबल कंपनी ने उन्हें नोटिस भेजकर कानूनी धमकी दी कि अपनी इन हरकतों से बाज आएँ, क्योंकि इससे केबल कंपनी के व्यावसायिक हितों को नुकसान पहुँचेगा। इसके कारण

जो आर्थिक हानि केबल कंपनी को होगी, वह क्यों न मार्कोनी और उनकी कंपनी से वसूल की जाए। हर्जाना भरने की इस धमकी की परवाह न करते हुए मार्कोनी अपने काम में लगे रहे। जब दुनियाभर की सरकारें उनसे बेतार प्रणाली स्थापित करने का अनुरोध कर रही थीं, तो एक व्यावसायिक कंपनी की कानूनी धमकी क्या मायने रखती थी। यह तो सदा से होता आया है कि कोई नया आविष्कार होने पर या किसी उपकरण में सुधार किए जाने पर पुराना अप्रचलित हो जाता है, लेकिन उस पुरानी प्रणाली या उपकरण के व्यावसायिक संरक्षण के लिए नए आविष्कारों या परिष्कारों को रोका तो नहीं जा सकता। मार्कोनी के इस प्रयोग की सफलता उनकी कंपनी को बड़ा व्यावसायिक लाभ तो पहुँचाती ही, यह मानवता की भी एक बड़ी सेवा थी। यह दूरसंचार में एक नए युग का सूत्रपात था, जिसका दूरगामी प्रभाव सारे विश्व की मानवता पर पड़नेवाला था।

अब तक मार्कोनी का व्यावसायिक कद भी इतना बड़ा हो चुका था कि उन्हें इस प्रकार की कोई कानूनी धमकी विचलित नहीं कर सकती थी। इसे दरकिनार करते हुए वे अपनी आगामी योजना के अनुसार नोवास्कोटिया के लिए पोत से रवाना हो गए। उन्हें नॉर्थ सिडनी में जलयान से उतरकर न्यूयॉर्क के लिए रेलगाड़ी पकड़नी थी, लेकिन उनकी इस यात्रा में अप्रत्याशित परिवर्तन हो गया। नॉर्थ सिडनी के सांसद् एली जॉन्सन को खबर लग गई कि अटलांटिक महासागर के आर-पार बेतार संकेत भेजने में सफल प्रसिद्ध वैज्ञानिक मार्कोनी जलपोत से यहाँ पहुँच रहे हैं। उनसे मिलने को बेताब जॉन्सन वहाँ जा पहुँचे और उनके सामने प्रस्ताव रखा कि वे न्यूफाउंडलैंड की तरह ही केप ब्रिटेन में भी बेतार संदेशों के आदान-प्रदान के लिए एक स्टेशन की स्थापना करें। मार्कोनी को प्रस्ताव आकर्षक लगा। उनके राजी हो जाने पर सांसद् ने अपने प्रस्ताव और संपर्कों से सारी व्यवस्था कर दी कि मार्कोनी और उनके साथी सुविधापूर्वक तटवर्ती क्षेत्रों का मुआयना करके उपयुक्त

स्थान का चयन कर लें। थोड़े भ्रमण और परिश्रम के बाद उनको ग्लेस वे के निकट समुद्र की ओर बढ़ा हुआ धरती का एक समतल टुकड़ा मिल गया। मार्कोनी को स्टेशन स्थापित करने के लिए यह बहुत उपयुक्त लगा।

स्थान का चयन कर लेने के बाद वहाँ स्टेशन का निर्माण करने और उपकरणों के लिए विशाल धनराशि की आवश्यकता थी। एली जॉन्सन उन्हें अपने साथ ओटावा ले गए, जहाँ उनकी मुलाकात उन्होंने प्रधानमंत्री से कराई। प्रधानमंत्री सर विल्फ्रेड लारियल बेतार संदेश प्रणाली के महत्त्व एवं उपयोगिता को भली–भाँति समझते थे। वे इस योजना के लिए 60 हजार पाउंड की राशि देने के लिए तुरंत राजी हो गए। इसके अतिरिक्त उन्होंने आश्वासन दिया कि और आवश्यकता पड़ने पर कनाडा सरकार अतिरिक्त वित्तीय सहायता भी देगी। अटलांटिक पार संकेत भेजने के प्रयोग के सफल होने के साथ ही इस तरह के व्यावसायिक लाभ मिलने से मार्कोनी का उत्साह और बढ़ गया। कनाडा में आवश्यक प्रतिबंध पर हस्ताक्षर करने और आरंभिक प्रबंध करने के बाद मार्कोनी ने अपनी अगली मंजिल के लिए अमेरिका की तरफ रुख किया।

□

6

भव्य स्वागत

अमेरिका पहुँचने पर मार्कोनी का बहुत जोरदार स्वागत हुआ। उनके वहाँ पहुँचने से पहले उनकी युगपरिवर्तनकारी सफलता का समाचार वहाँ पहुँच चुका था। वे जहाँ भी जाते, लोग उनको हाथोहाथ लेते। विशिष्टजनों, उच्च सरकारी अधिकारियों, व्यवसायियों से लेकर जनसाधारण तक मार्कोनी के स्वागत को बेताब नजर आते थे। अमेरिका के समाचार-पत्र उनकी प्रशंसा से भरे पड़े थे।

लेकिन इसके साथ ही विरोध और आलोचना की एक लहर भी चल रही थी। इसका सबसे खेदजनक पहलू यह था कि सबसे अधिक विरोध के स्वर वैज्ञानिक जगत् से उभरे थे। यहाँ तक कहा गया कि अटलांटिक के पार से संकेत मिलने का जो दावा मार्कोनी ने किया है, वह संदेह से परे नहीं। कुछ ने यह भी कहा कि इंग्लैंड के छोर से न्यूफाउंडलैंड पहुँचनेवाले संकेत बहुत मध्यम थे और उनका कोई व्यावसायिक उपयोग नहीं हो सकता। ऐसा लगता था मानो मार्कोनी की बढ़ती ख्याति को धब्बा लगाने की कोई सुनिश्चित योजना बनाई गई हो। क्या यह पेशागत ईर्ष्या और दुःख का परिणाम था या फिर जिन केबल कंपनियों को मार्कोनी के आविष्कार से भारी आर्थिक हानि हो

रही थी, उन्होंने उनकी खोज के विरुद्ध कोई मुहिम चलाने का प्रयास किया था? जो हो, इस तरह की आलोचना और संदेह अधिक दिनों तक टिक नहीं सके। विश्व में चारों ओर मार्कोनी की प्रशंसा के ऐसे नगाड़े बज रहे थे कि विरोध-आलोचना और संदेह-अविश्वास के सारे स्वर उनमें डूब गए।

मार्कोनी अधिक दिनों तक अमेरिका में नहीं ठहरे। दरअसल वे वहाँ की बातचीत निपटाकर यथाशीघ्र इंग्लैंड लौटना चाहते थे, ताकि वहाँ पहुँचकर कनाडा में स्थापित किए जानेवाले स्टेशनों के लिए उपकरण तैयार कर सकें। उन्होंने तय कर लिया था कि ये स्टेशन पोलधू पर बने स्टेशन से कहीं अधिक शक्तिशाली बनाए जाएँगे। वहाँ पहुँचते ही उन्होंने अपनी कंपनी के सभी सहयोगियों की मीटिंग बुलाकर उनसे अनुरोध किया कि अटलांटिक महासागर के पार तक बेतार संदेश भेजने की उनकी महती योजना को कार्यान्वित करने के लिए वे आवश्यक धनराशि के अलावा हर तरह का सहयोग भी दें। बाहर चाहे जैसा वातावरण रहा हो, कंपनी के सभी निवेशकों को मार्कोनी की क्षमता पर पूरा विश्वास था। उनकी तरफ से पूर्ण सहयोग का आश्वासन मिल जाने पर मार्कोनी दोगुने उत्साह से अपने विशिष्ट साथी प्रोफेसर फ्लेमिंग के साथ मिलकर इस काम में जुट गए। अपने प्रयोगों के दौरान मार्कोनी ने देखा था कि सूर्य की किरणें हर्टिजन तरंगों के प्रवाह में बाधक होती हैं। अतः इतनी दूरी तक सूर्य के प्रकाश में संदेश भेजने के लिए पोलधू की अपेक्षा दोगुनी क्षमता के स्टेशन कनाडा में स्थापित करना उपयुक्त होगा। इसके लिए उपयुक्त उपकरण तैयार हो जाने के बाद वे एक बार फिर जलयान से अमेरिका की ओर चल पड़े। मार्कोनी की इस नई और अत्यंत आश्चर्यजनक सफलता के विरुद्ध संदेह के स्वर कुछ दब तो गए थे, पर समाप्त नहीं हुए थे। मार्कोनी अभी अपने किसी प्रयोग की सफलता पर उठनेवाले संदेह का उत्तर सैद्धांतिक तर्क से नहीं देते थे। वे व्यावहारिक

रूप से दिखा देते थे कि यह संभव है। एक तो पहले से ही यह कहा जा रहा था कि धरती की वक्रता के कारण इतनी दूर तक संकेत भेजना नितांत असंभव है। इसके साथ ही कुछ वैज्ञानिकों ने यह जोड़ दिया कि धरती की अपनी धुरी पर घूमने के कारण पश्चिम से पूर्व की ओर बेतार संकेत भेजना संभव नहीं है।

मार्कोनी ने कनाडा पहुँचकर वहाँ उपकरण जमाने और संदेशों का आदान-प्रदान करके आलोचना का उत्तर देने का इंतजार नहीं किया। उन्होंने जलपोत के महासागर में आगे बढ़ने पर उसके मास्ट पर पचास मीटर ऊँचा एक एंटीना लगा दिया। संकेत ग्रहण करने के लिए उन्होंने कानों में ईयरफोन लगाने के बजाय मोर्स की कुंजी का इस्तेमाल किया। जिससे संकेत कागज पर बिंदुओं में अंकित हो जाते हैं, जिन्हें मोर्स की भाषा कहते हैं; फिर इन्हें पढ़कर सामान्य भाषा में लिखा या समझा जा सकता है। उन्होंने संकेत प्राप्त करने के लिए भी केवल अपने या अपने सहयोगियों को ही नहीं रखा। इसके लिए उन्होंने जलपोत के कप्तान, कर्मियों और सहयात्रियों को भी इस प्रयोग में शामिल होने के लिए आमंत्रित किया। पोलधू स्टेशन से जलपोत तक आया कोई संकेत जब ग्रहण किया जाता था, तो उस पर स्टेशन से जलपोत की दूरी भी लिख दी जाती थी। साथ ही मार्कोनी संकेत मिलने की गवाही के तौर पर अपने सहयात्रियों या पोत के कर्मियों के हस्ताक्षर भी रख लेते थे। जैसे-जैसे पोत आगे बढ़ा, इंग्लैंड से उसकी दूरी बढ़ती गई, लेकिन संकेत प्राप्त करने में कोई बाधा नहीं आई। इसने हर तरह की आलोचनाओं और संदेहों को मिथ्या सिद्ध कर दिया। अमेरिका में न्यूयॉर्क पहुँचकर मार्कोनी ने एक पत्रकार सम्मेलन बुलाया जिसमें उन्होंने अपने प्रयोग की सफलता के प्रमाणस्वरूप मोर्स पद्धति से अंकित संकेतों वाले वे सारे टेप दिखाए जिन पर गवाही के तौर पर जलपोत के यात्रियों के हस्ताक्षर भी थे। उन्होंने कहा कि अब तो अटलांटिक महासागर के पार

बेतार संकेत प्रणाली के संकेत भेजने की क्षमता पर कोई सवाल नहीं उठाया जा सकता! इन टेपों में पोलधू से जलपोत की 250 मील की दूरी से लेकर 2099 मील की दूरी तक से प्राप्त किए गए संकेत थे। जिन पत्रकारों को मार्कोनी की आलोचना के बयानों के चलते इनके प्रयोग की सफलता पर कुछ संदेह था, वे भी ये प्रमाण देखकर आश्वस्त हो गए।

पोलधू में 25 किलोवाट क्षमता का आल्टरनेटर था। कनाडा में स्टेशन बनाने के लिए नियुक्त अपने सहयोगी वेव्यान से मार्कोनी ने कहा कि वहाँ उससे दोगुनी क्षमता का यानी 50 किलोवाट का आल्टरनेटर लगाएँ। संयोग से ऐसा हुआ कि वेव्यान को एक अच्छी हालत का 75 किलोवाट का पुराना आल्टरनेटर सस्ते दामों में मिल गया। उन्होंने वह खरीद लिया और इस तरह कनाडा के स्टेशन पर स्थापित आल्टरनेटर की क्षमता दोगुनी के बजाय तीन गुनी हो गई। वेव्यान ने वहाँ स्टेशन का सारा सामान रखने के लिए इमारत भी पोलधू की अपेक्षा चार गुनी बड़ी बनवाई। अमेरिका से कनाडा आकर मार्कोनी ने स्वयं वहाँ बन रहे स्टेशन के निर्माण-कार्य की प्रगति का मुआयना किया और उससे संतुष्ट होकर इंग्लैंड के लिए रवाना हो गए। इंग्लैंड में उन्हें दो मुख्य काम करने थे। एक तो पोलधू स्टेशन की क्षमता में बढ़ोतरी करनी थी, ताकि अटलांटिक के आर-पार स्पष्ट और तीव्र गति से संदेश भेजने के लिए उसे कनाडा में बन रहे स्टेशन के समकक्ष बनाया जा सके। दूसरा, उन्हें अपने वर्तमान उपकरणों में सुधार करके अधिक परिष्कृत व सक्षम उपकरण तैयार करने थे। इसके लिए वे पोलधू में हो रहे कार्य का स्वयं निरीक्षण-निर्देशन करने व नए उपकरण विकसित करने के लिए अपनी प्रयोगशाला में कुछ महत्त्वपूर्ण प्रयोग करने में अत्यंत व्यस्त हो गए।

इस कहावत में बहुत सच्चाई है कि अपने घर में किसी की योग्यता की कद्र नहीं होती, भले ही बाहर उसे कितना ही लायक क्यों न माना

जा रहा हो। मार्कोनी के साथ भी शुरू से ही ऐसा हुआ। अपने आरंभिक प्रयोगों के जमाने से ही उन्होंने इटली की सरकार से पूरी जानकारी देते हुए सहयोग और सहायता प्रदान करने की याचना की थी। इसके पीछे मार्कोनी को सहायता प्राप्त करने की इच्छा इतनो न थी, जितनी देशभक्ति थी। वे चाहते थे कि उनके आविष्कार का लाभ सर्वप्रथम और सर्वाधिक उनके अपने देश को मिले, भले ही इसके बदले उन्हें विदेशों की अपेक्षा कम मुआवजा मिले, लेकिन जैसा कि हम पहले बता चुके हैं, उनकी प्रतिभा और उनके आविष्कार के महत्त्व को इंग्लैंड ने पहचाना, इटली ने नहीं। बाद में पर्याप्त दूरी तक संकेत भेजने की क्षमता अर्जित कर लेने पर मार्कोनी ने इटली के नौसैनिक अधिकारियों को अपने प्रयोग दिखाए थे। उन्होंने राजमहल में प्रदर्शन करके सम्राट्, साम्राज्ञी व अन्य विशिष्ट जनों को भी अपने आविष्कार के प्रति आश्वस्त कर दिया था, लेकिन 1897 की इन घटनाओं के बाद से 1901 तक इटली की तरफ से मार्कोनी को कोई संतोषजनक उत्तर कभी नहीं मिला। मार्कोनी अपने देश की सरकार की उदासीनता से खिन्न थे। अतः उन्होंने भी इटली के अधिकारियों से संपर्क बनाए रखने के प्रयास नहीं किए। इसका एक कारण यह भी था कि मार्कोनी को इंग्लैंड, फ्रांस तथा अन्य देशों से निरंतर वहाँ बेतार के संचार उपकरण स्थापित करने के प्रस्ताव मिल रहे था। इन अनुबंधों को पूरा करने के साथ-साथ अपने उपकरणों की क्षमता बढ़ाने के लिए वे लगातार प्रयोगों में व्यस्त थे।

यहाँ इटली के नौसेना अधिकारियों का रवैया यह था कि हमने मार्कोनी से जो कुछ सीखना था, सीख लिया। अब उसे और घास डालने की क्या जरूरत है। वैसे उपकरण हम स्वयं बना सकते हैं। अतः उन्होंने मार्कोनी को न तो कोई बड़ा ऑर्डर दिया और न ही उनसे संपर्क रखा। उन्होंने अपने कुछ वैज्ञानिकों और तकनीशियनों को मार्कोनी के सिद्धांत पर आधारित उपकरण विकसित करने के काम में लगा दिया।

इसके अतिरिक्त वे मार्कोनी द्वारा अपने उपकरणों में सुधार करने और उनके हर नए प्रयोग पर भी नजर रखे हुए थे। कुछ मार्कोनी के उपरकरणों की नकल करके और कुछ अपने तरीके से उपकरण विकसित करके इतावली वैज्ञानिक 143 किलोमीटर की दूरी तक बेतार संकेत भेजने में सफल रहे। इसके बाद मार्कोनी ने रॉयल सोसाइटी के समक्ष जिन नए उपकरणों का प्रदर्शन किया था और वे कैसे काम करते हैं—इसकी व्याख्या भी की थी। इसके आधार पर इटली में उपकरण बनाने के लिए नौसेना अधिकारियों ने लेफ्टिनेंट सोलारी को तैनात किया। बाद में सोलारी ने स्वयं स्वीकार किया कि अथक प्रयास के बावजूद वे वांछित परिणाम तक नहीं पहुँच सके। 1897 से 1900 तक निरंतर कोशिशों के बाद इटली के उच्च अधिकारियों की समझ में आ गया कि मार्कोनी की नकल करके या अपने स्वतंत्र प्रयोग करके भी उनके स्तर के आसपास पहुँचना भी संभव नहीं। स्वयं लेफ्टिनेंट सोलारी ने भी अपनी रिपोर्ट में नौसेना के उच्च अधिकारियों को लिखा था कि इटली में विकसित बेतार संचार की उपकरण क्षमता और गुणवत्ता फ्रांसीसी नौसेना के उपकरणों की अपेक्षा बहुत घटिया हैं। फ्रांसीसी नौसेना के पास मार्कोनी के बेतार के संचार उपकरण थे, जो संतोषजनक तरीके से काम कर रहे थे।

इटली को अब अपने धरती-पुत्र मार्कोनी की याद आई। दरअसल याद आई नहीं, बल्कि लेफ्टिनेंट सोलारी ने उनको मार्कोनी की याद दिलाई। पहले तो उन्होंने अपने उच्च अधिकारियों को विश्वास दिलाया कि कितना भी सिर पटक लें, मार्कोनी के बेतार के संचार उपकरणों की नकल करना संभव नहीं। इतना ही नहीं उन्होंने संबंधित मंत्रालय के मंत्री से भेंट करके उनको भी सलाह दी कि मार्कोनी से संपर्क बहाल करने चाहिए। मंत्री ने उनकी बात बड़े धैर्य से सुनी और सारी स्थिति का विस्तार से अध्ययन करने के लिए एक आयोग का गठन किया। आयोग

भी लेफ्टिनेंट सोलारी की रिपोर्टों का अध्ययन करके तथा अन्य सारी स्थितियों को देखने–समझने के बाद सोलारी से सहमत हुआ। 24 जून, 1901 को आयोग ने अपनी बैठक में सोलारी को बुलाकर आयोग के लिए तैयार की गई उनकी रिपोर्ट देखी और मार्कोनी के बेतार के संचार उपकरणों के विषय में चर्चा की। इसके बाद यह निर्णय लिया गया कि लेफ्टिनेंट सोलारी स्वयं जाकर मार्कोनी से मिलें। मार्कोनी को भी लंदन स्थित इटली के राजदूत के माध्यम से सोलारी के लंदन आकर उनसे मिलने की इच्छा की सूचना दे दी गई।

लंदन पहुँचकर सोलारी ने मार्कोनी से मिलने का अनुरोध किया, लेकिन उन्हें मार्कोनी या उनकी कंपनी के अधिकारियों से कोई जवाब नहीं मिला। कुछ दिन और इंतजार करने और मुलाकात करने के असफल प्रयास के बाद लेफ्टिनेंट सोलारी आविष्कारक की कंपनी के मुख्यालय में गए और वहाँ उच्च अधिकारियों से मिलकर अपने आने का उद्देश्य बताया तथा मार्कोनी से मिलने का अनुरोध किया। जवाब में उन्हें बताया गया कि मार्कोनी के अत्यंत व्यस्त होने के कारण अभी उनसे भेंट संभव नहीं होगी। इसका एक कारण तो यह था कि इटली सरकार के उनके आविष्कार के प्रति अब तक के उपेक्षापूर्ण रवैये से मार्कोनी क्षुब्ध थे। वे अच्छी तरह समझते थे कि उनकी नकल करके खुद भी बेतार की दूरसंचार प्रणाली विकसित करने में असफल होने के बाद अब उन्होंने संबंध सुधारने के लिए सोलारी को भेजा है। दूसरी बात यह थी कि वे वाकई अटलांटिक पार तक संदेश भेजने की प्रणाली विकसित करने के लिए अपने वर्तमान उपकरणों में और सुधार करना चाहते थे, ताकि हर तरह के मौसम में लंबे संदेश सुचारू रूप से भेजे जा सकें। इसके लिए वे अपनी प्रयोगशाला में कुछ नए प्रयोग करने में अत्यंत व्यस्त थे। एक महीने तक इंतजार करने और निरंतर अनुरोध करने के बाद आखिरकार सोलारी मार्कोनी से मुलाकात करने में सफल हो गए। उन्होंने मिलते ही

कहा कि इतालवी नौसेना के अधिकारियों को अपनी गलती का एहसास हो गया है। वहाँ की सरकार भी आपके आविष्कार की कद्र करती है। हम चाहते हैं कि आप पुरानी बातों को भूल जाएँ और आपके महान् आविष्कार का लाभ आपके देश को पहुँचे। मार्कोनी को बताया गया कि उनके पेटेंट का इस्तेमाल करने और इटली के लिए आवश्यक उपकरण देने की एवज में उन्हें एक लाख लीरा की धनराशि प्रदान की जाएगी।

मार्कोनी पर लेफ्टिनेंट सोलारी की और किसी बात का असर नहीं हुआ। न ही उन्हें अब एक लाख लीरा जैसी बड़ी रकम की परवाह थी, पर उनकी एक बात मार्कोनी के मर्म को छू गई। लेफ्टिनेंट ने अपनी भेंट के दौरान मार्कोनी से कहा कि आखिरकार यह उनके अपने देश इटली के दूरसंचार में आत्मनिर्भर बनने का सवाल है। क्या वे चाहेंगे कि उनके देश की नौसेना बेतार संचार में अन्य देशों से पिछड़ जाए? देशभक्ति मार्कोनी में कूट-कूटकर भरी थी। उन्होंने पेटेंट के इस्तेमाल की अनुमति दे दी। सोलारी ने जिन उपकरणों के लिए अनुरोध किया था, वे भी देने स्वीकार कर लिये, लेकिन बदले में एक लाख लीरा लेने से इनकार कर दिया। मार्कोनी की महानता का पता इस बात से भी लगता है कि उन्होंने लेफ्टिनेंट सोलारी के अब तक दूरसंचार प्रणाली विकसित करने के प्रयासों की प्रशंसा की। उनकी प्रयोग पद्धति को ध्यान से सुना और उपयोगी सुझाव दिए। इसके साथ ही यह आश्वासन भी दिया कि मार्कोनी उन्हें अपनी प्रयोगशाला में ले जाएँगे और अपने नए परिष्कृत उपकरण दिखाएँगे, लेकिन इसमें समय लग गया क्योंकि मार्कोनी को आवश्यक काम से एक बार फिर न्यूफाउंडलैंड जाना पड़ गया। इसके बाद मार्कोनी ने अपने प्रयोगों को निःशुल्क प्रयोग करने का अनुमति पत्र देकर सोलारी को इटली जाने के लिए विदाई दी। अपने मिशन की सफलता के बाद लेफ्टिनेंट सोलारी फरवरी, 1902 में इटली लौटे। उन्होंने स्वदेश लौटकर

नौसेना के मंत्री और सम्राट् से भेंट की। उन्होंने इटली को मार्कोनी के पेटेंट का उपयोग करने का अधिकार भेंट स्वरूप देने और बदले में एक लाख लीरा न लेने की बात कहकर उनकी देशभक्ति की प्रशंसा की। लेफ्टिनेंट ने बताया कि मार्कोनी नहीं चाहते कि किसी युद्ध की स्थिति में उनके देश की नौसेना बेतार संदेश प्रसारण में शत्रु देश से पिछड़ जाए। इसके साथ ही सोलारी ने यह भी बताया कि मार्कोनी समुद्र में अपने आगामी प्रयोग किसी इतालवी जलपोत पर करना चाहते हैं। उनकी इस माँग को तुरंत स्वीकार कर लिया गया और कहा गया कि इटली की नौसेना का सर्वश्रेष्ठ जहाज कार्लो अलबर्टो शीघ्र ही उनको इस काम के लिए सौंप दिया जाएगा। जहाज पूर्णतः उनके अधीन होगा और वे जैसे चाहें इसका उपयोग करने को स्वतंत्र होंगे। अटलांटिक पार अपनी बेतार संदेश प्रणाली चालू करने से पहले मार्कोनी कुछ आवश्यक प्रयोग करना चाहते थे। इसके लिए उन्हें पूरी सुविधाओं के साथ उपयुक्त अवसर इटली सरकार से मिल गया। इटली की सरकार, विशेषतः नौसेना, मार्कोनी से अपने बिगड़े संबंधों को सुधारने के लिए बेताब थी। उसने यह अवसर नहीं जाने दिया और मार्कोनी को हर संभव सहयोग प्रदान किया। इसके अतिरिक्त वहाँ की नौसेना के उच्च अधिकारी समझते थे कि मार्कोनी जो भी प्रयोग करेंगे, उसके परिणामों का लाभ इतालवी सेना को भी होगा।

इस दौरान मार्कोनी ने अपनी प्रयोगशाला में एक चुंबकीय संसूचक विकसित कर लिया था, जो पुराने कोहेरर से कहीं बेहतर था। यह एक महत्त्वपूर्ण उपलब्धि थी जिसने उनकी बेतार संदेश प्रणाली में मूल्यवान् सहयोग दिया। मार्कोनी अब अपने नए चुंबकीय संसूचक तथा अन्य परिष्कृत उपकरणों के साथ इतालवी गश्ती जहाज पर प्रयोग करने के लिए तैयार थे। लगभग इसी समय इटली की अकादेमिया द लिंसी ने मार्कोनी के आविष्कारों और मानवता को दी गई उनकी महत्त्वपूर्ण भेंट

के लिए उनका सम्मान करने की घोषणा की। इसके साथ ही उनको दस हजार लीरा की राशि भी भेंट करने की घोषणा की गई। मार्कोनी इससे बहुत प्रसन्न हुए कि आखिरकार उनके देश ने उनकी प्रतिभा की कद्र की है। उन्होंने यह पुरस्कार लेना सहर्ष स्वीकार कर लिया। यह वही मार्कोनी थे जिन्होंने अपने देश की सरकार से एक लाख लीरा की बड़ी धनराशि लेने से इनकार कर दिया था, पर दस हजार लीरा के पुरस्कार का प्रस्ताव उन्होंने तुरंत स्वीकार कर लिया। आखिर बात धनराशि की नहीं थी—उसके पीछे छिपी भावना की थी।

मार्कोनी के विद्युत् चुंबकीय संसूचक ने बेतार संदेश प्रणाली के विकास में बहुत बड़ा योगदान दिया। उनका काँच भी ट्यूबों में धातु के बुरादोंवाला कोहेरर एकसार तरीके से संकेत नहीं पकड़ता था। उसकी संकेत ग्रहण करने की क्षमता इस पर निर्भर करती थी कि वह किस स्थिति में है। किसी समुद्री जहाज पर जब संकेतों का आदान-प्रदान होता था तो कोहेरर की क्षमता समुद्र की स्थिति पर निर्भर करती थी। समुद्र के बहुत उग्र होने पर जहाज के डोलने के साथ काँच की नाजुक ट्यूबों में रखे धातु के बुरादों की स्थिति बदल जाती थी और उसका प्रभाव प्रसारण पर पड़ता था। इस समस्या के हल के लिए मार्कोनी ने विद्युत्-चुंबकीय सिद्धांत पर आधारित संसूचक बनाया जिसने पुराने कोहेरर को सदा के लिए प्रचलन से बाहर कर दिया। उस संसूचक का विकास कर लेने के बाद मार्कोनी आश्वस्त हो गए कि अब अटलांटिक के पार संदेश भेजने पर किसी भी समुद्री जहाज से दूर तक संदेश भेजने में कोई समस्या नहीं होगी। अब वे इतालवी पोत से संदेश भेजने और ग्रहण करने के अपने प्रयोगों के लिए तैयार थे।

उन्होंने इतालवी जलपोत कार्लो अलबर्टो को संदेश भेजा तो इस पर सवार लेफ्टिनेंट सोलारी मार्कोनी को लेने के लिए नेपेल्स से इंग्लैंड की तरफ चल दिए। 18 जून, 1902 को वे पोल पहुँचे, जहाँ मार्कोनी

थे। जहाज को समुद्र में खड़ा करके सोलारी मार्कोनी को लेने एक नौका पर चल पड़े। जब वे दोनों तट से नाव द्वारा जहाज पर पहुँचे, जलपोत पर उपस्थित कर्मियों सहित सभी लोगों ने मार्कोनी का भव्य स्वागत किया। उसी रात उनके सम्मान में एक भोज का आयोजन किया गया। ये सारी गर्मजोशी देखकर मार्कोनी को विश्वास हो गया कि इटली में वाकई हृदय-परिवर्तन हुआ है, उनके प्रति प्रदर्शित आदर-मान और स्नेह दिखावा मात्र नहीं है। इस बीच एक और घटना घटी जिसने मार्कोनी के समुद्र में प्रयोगों को नया आयाम दिया। इटली के सम्राट् को रूस के जार से भेंट करनी थी। यह मुलाकात रूस के सबसे बड़े नौसैनिक अड्डे क्रोनस्टाट पर होनी थी। सम्राट् ने आदेश दिया कि उनके साथ जाने वाले समुद्री जहाजों के काफिले में कार्लो अलबर्टो को शामिल किया जाए, जो इटली के सर्वश्रेष्ठ जहाजों में से एक था। इस खबर से मार्कोनी और उसकी टीम को बहुत खुशी हुई, क्योंकि अब उनको लंबी दूरी तक और नए किस्म के समुद्र में प्रयोग करने का अवसर अनायास ही मिल गया था।

मार्कोनी ने पोलधू में अपने सहकर्मियों को निर्देश दिया कि वे क्रोनस्टाट के लिए कार्लो अलबर्टो के रवाना होते ही नियमित अंतराल से संकेत भेजने आरंभ कर दें। जहाज के रवाना होते ही यह काम शुरू हो गया और एकदम स्पष्ट संकेत अबाध गति से मिलते रहे। जहाज की पोलधू स्टेशन से दूरी निरंतर बढ़ती रही थी, पर मिलनेवाले संदेशों की गुणवत्ता बरकरार रही। करीब 700 मील की दूरी पर भी संकेत एकदम स्पष्ट थे, लेकिन जैसी कि मार्कोनी को आशंका थी, जहाज के गोरलैंड से आगे बढ़ने पर संकेतों में व्यवधान आने लगा। मार्कोनी जानते थे कि यह सूर्य की किरणों के उनके द्वारा प्रयुक्त तरंग-पट्ट पर नकारात्मक प्रभाव पड़ने के कारण हो रहा है। इसका समाधान उन्होंने दो उपाय करके किया। एक तो एंटीना का डिजाइन बदला, ताकि वह अधिक

क्षमता के संदेश ग्रहण कर सके। दूसरे उन्होंने पोलधू स्टेशन पर तैनात अपने सहकर्मियों को निर्देश भेजा कि दिन के बजाय रात को संदेश भेजें, जब सूर्य की किरणें उसमें बाधक न बन सकें। जहाज के अपनी मंजिल क्रोनस्टाट पहुँचने और वहाँ कई दिनों तक चले राजसी समारोहों के दौरान भी मार्कोनी के प्रयोग जारी रहे।

इसका एक कारण तो यह था कि मार्कोनी कभी भी अपने आविष्कार से संतुष्ट नहीं हुए। दूसरा एक बड़ा कारण तब उत्पन्न हुआ, जब कार्लो अलबर्टो के रूसी समुद्र तट पर लंगर डालने के बाद एकाएक रात को भी संकेत मिलने बंद हो गए। मार्कोनी और उनके सहयोगी कैंप ने संकेत ग्रहण करनेवाले रिसीवर तथा अन्य उपकरणों में निरंतर सुधार करके पोलधू से संकेत ग्रहण करने का प्रयास किया और जब तक सफल नहीं हुए, दम नहीं लिया। आखिर कुछ ही दिनों में जार स्वयं इस पोत पर आनेवाले थे। उनके साथ स्वभावतः रूस के अत्यंत उच्च स्तर के अधिकारी और नौसेना के अधिकारी भी आ रहे थे। मार्कोनी को उनके समक्ष अपनी बेतार संदेश प्रणाली का प्रदर्शन करना था। यह स्वयं मार्कोनी की प्रतिष्ठा का ही नहीं, उनके देश इटली और उनके सम्राट् की प्रतिष्ठा का भी सवाल था। आखिरकार जब वह समुद्र और स्थल की 1600 मील की दूरी लाँघकर पोलधू से आए संकेत स्पष्ट रूप से ग्रहण करने में सफल रहे, तब कहीं चैन की साँस ली। जार के आने पर उन्होंने उनके समक्ष अपनी बेतार संदेश प्रणाली का प्रदर्शन किया और उनको पोलधू से प्राप्त संदेश दिखाया—"जार और इटली के सम्राट् चिरंजीवी हों।" स्वभावतः जार और उनके साथ आए रूसी नौसेना के उच्च अधिकारी इससे बहुत प्रभावित हुए। बाद में मार्कोनी को दो रूसी जलयानों पर अपनी संदेश प्रणाली स्थापित करने के आदेश भी मिले। अपनी यात्रा समाप्त करके कार्लो अलबर्टो जब स्वदेश के लिए वापस चला, तब भी मार्कोनी के प्रयोग जारी रहे। वे हाल ही में विकसित नए

उपकरणों को और परिष्कृत करने में लगे थे।

वापसी में वे इंग्लैंड रुके, जहाँ उन्होंने अपने सहकर्मियों को कुछ आवश्यक निर्देश दिए और कुछ और जरूरी सामान जहाज में रखवाया। अब उनका जहाज फिर से इटली के लिए रवाना हो गया। कार्लो अलबर्टो जब जिब्राल्टर पार करके भूमध्यसागर में पहुँच गया तो मार्कोनी ने जहाज को ऐसे कोण पर रुकवाया जहाँ से इंग्लैंड के बीच के रास्ते में फ्रांस और स्पेन की पहाड़ियों की बाधा सबसे अधिक थी। वे सिद्ध करना चाहते थे कि खड़ी चट्टानों और पहाड़ियों की बाधा को विद्युत्-चुंबकीय तरंगें पार कर सकती हैं। कुछ आरंभिक कठिनाइयों से जूझने के बाद वे अपने इस प्रयोग में भी सफल हुए। इस दौरान जब उनका जहाज घने कोहरे से ढका हुआ था, तब भी उन्हें संकेत मिलते रहे।

इस तकनीकी और वैज्ञानिक सफलता के साथ-साथ मार्कोनी की कंपनी को व्यावसायिक सफलता भी मिल रही थी, जिसके कारण अपने नए-नए प्रयोगों के लिए संसाधन जुटाने में उन्हें कभी कठिनाई नहीं हुई। अकेले इंग्लैंड के ही 60 युद्धपोतों पर उनकी बेतार संदेश प्रणाली स्थापित की गई थी जिससे कंपनी को वार्षिक शुल्क मिलता था। 26 अन्य व्यावसायिक जलयानों ने भी उनकी बेतार प्रणाली को अपनाया था। इंग्लैंड में अभी बेतार संदेश प्रणाली वाले कुल 41 स्टेशन थे।

कार्लो अलबर्टो से उतरने के बाद मार्कोनी और सोलारी रेलगाड़ी से रेकोनिमी के लिए रवाना हुए, जहाँ सम्राट् छुट्टियाँ बिता रहे थे। वहाँ पहुँचने के बाद सोलारी ने सम्राट् के समक्ष कार्लो अलबर्टो की रूस तक की समुद्री यात्रा और फिर वापसी के दौरान किए प्रयोगों एवं उनके परिणामों की विस्तृत रिपोर्ट पेश की। सम्राट् ने पूरी रिपोर्ट को बहुत ध्यान से सुना और परिणामों से बहुत प्रभावित हुए। उन्होंने मार्कोनी से पूछा कि अब आपका अगला कार्यक्रम क्या होगा? मार्कोनी ने बताया कि वे शीघ्र-से-शीघ्र कनाडा पहुँचकर यूरोप और अमेरिका के बीच

अटलांटिक महासागर के आर-पार अपनी बेतार संदेश प्रणाली को चालू करना चाहते हैं। इस पर सम्राट् ने कनाडा तक जाने और अपनी समुद्री यात्रा के दौरान तथा प्रयोग करने के लिए उन्हें कार्लो अलबर्टो से यात्रा की अनुमति दी, जो मार्कोनी के लिए बहुत बड़ी सुविधा थी। मार्कोनी इटली से इंग्लैंड आए। वहाँ उन्होंने पोलधू स्टेशन पर अपने सहयोगियों को आवश्यक निर्देश दिए, कार्लो अलबर्टो पर लादने के लिए आवश्यक सामान लिया और यात्रा की अन्य तैयारियाँ करने के बाद कनाडा के लिए चल दिए। अपनी यात्रा के दूसरे दिन से ही उन्होंने संदेश भेजने और ग्रहण करने के प्रयोग आरंभ कर दिए। 31 अक्तूबर को उनका जहाज सिडनी की खाड़ी में पहुँचा। वे नोवा स्कोटा उतरकर टेबल हेड के अपने स्टेशन पर पहुँच गए। मार्कोनी के साथ उनके सहयोगी कैंप और सोलारी भी थे। रास्ते में संदेश ग्रहण करने के प्रयोग नितांत सफल रहे थे। जब 4 हजार मील की दूरी तक स्पष्ट संकेत मिले तो मार्कोनी को पूरा विश्वास हो गया कि अटलांटिक के आर-पार संदेश भेजने की उनकी योजना पूर्णत: सफल सिद्ध होगी, क्योंकि रास्ते में उन्होंने घने कोहरे, उग्र समुद्र और हर तरह के अच्छे-बुरे मौसम में स्पष्ट संकेत ग्रहण किए थे।

□

7

नई और पुरानी दुनिया के बीच बेतार संपर्क

अटलांटिक पार से संपर्क ग्रहण करना एक बात थी और इंग्लैंड और कनाडा के बीच रेडियो संचार सेवा व्यावसायिक स्तर पर शुरू करना दूसरी बात थी। इसमें अभी बहुत सी बाधाएँ-समस्याएँ थीं। उपकरणों को अभी और परिष्कृत करके संचार प्रणाली को सशक्त करना जरूरी था। हालाँकि मार्कोनी की विद्युत्-चुंबकीय तरंगें लगभग प्रकाश की अकल्पनीय गति से संकेत प्रसारित करती थीं, किंतु उनके माध्यम से होने वाले परिवर्तन कई तरह की समस्याएँ उत्पन्न करते थे। इसके अलावा स्टेशन में स्थापित उपकरणों पर भी मौसम का प्रतिकूल असर पड़ता था। उदाहरण के लिए, खुले आकाश के नीचे 70 फुट ऊँचाई की लकड़ी की चार विशाल मीनारों से लटके तारों के जालवाला एक बहुत बड़ा एंटीना था, जो संप्रेषण प्रणाली का महत्त्वपूर्ण उपकरण था। टेबल हेड के उनके स्टेशन पर अक्तूबर के महीने में भी भयंकर जाड़ा पड़ रहा था। तापमान शून्य से 10 डिग्री नीचे था। आसपास का समुद्र बर्फ की सफेद चादर से ढका हुआ था और वहाँ बर्फ के भयंकर तूफान आते थे। एंटीना पर बर्फ की परतें जम जाती थीं जिनसे संदेश

भेजने या ग्रहण करने में व्यवधान होता था। इसके अलावा अपने तेज झोंकों से तूफान इतने मजबूत एंटीना को भी झंझोड़कर रख देता था, जिससे कुछ-न-कुछ टूट जाता था और उसकी मरम्मत करनी पड़ती थी। मार्कोनी और उसके साथी उन समस्याओं से निरंतर जूझ रहे थे, ताकि इनका यथासंभव निवारण करके नई और पुरानी दुनिया के बीच नियमित व्यावसायिक रेडियो संचार आरंभ किया जा सके। महाद्वीपों के आरपार यह रेडियो दूरसंचार एक अकल्पनीय स्थिति को सत्य सिद्ध करनेवाला था, जिस पर सारे विश्व की निगाहें टिकी थीं। स्वयं इटली और इंग्लैंड के सम्राट् भी मार्कोनी के इस अद्‌भुत आविष्कार की सफलता में गहरी व्यक्तिगत दिलचस्पी ले रहे थे।

सारे प्रबंध हो जाने के बाद मार्कोनी की टीम ने केबल से पोलधू को निर्देश भेजा कि वहाँ से नियमित अंतराल के साथ संकेत भेजने आरंभ करें। वे व्यग्रता से पोलधू से संकेत मिलने की प्रतीक्षा करते रहे, लेकिन निराशा ही हाथ लगी। पोलधू की अपेक्षा टेबल हेड का स्टेशन अधिक शक्तिशाली था। पोलधू स्टेशन का ट्रांसमीटर 25 किलोवाट क्षमता का था। मार्कोनी ने वेव्यान से, जिनको उन्होंने कनाडा में स्टेशन बनाने का काम सौंपा था, उनसे दोगुनी क्षमता का ट्रांसमीटर लगाने को कहा था। वेव्यान एक बहुत कुशल इंजीनियर थे और उन पर पूरा भरोसा होने के कारण मार्कोनी ने स्टेशन के निर्माण के बारे में हर तरह का निर्णय स्वतंत्र रूप से लेने की उन्हें छूट दे रखी थी। वेव्यान को जब वहाँ एक पुराना 75 किलोवाट का ट्रांसमीटर वाजिब दाम में मिल गया, तो उन्होंने उसे तुरंत खरीद लिया। इस तरह टेबल हेड का ट्रांसमीटर पोलधू से तीन गुना अधिक शक्तिशाली था। पोलधू को निर्देश भेजे गए कि अब वे संकेत भेजने के बजाय कनाडा से संकेत प्राप्त करने को तत्पर रहें और उनके परिणाम कूट भाषा में केबल द्वारा भेंजे, लेकिन तब भी आरंभिक प्रयोगों में सफलता नहीं मिली। समझ में यह नहीं आ रहा

था कि कमी कहाँ पर है और किस उपकरण में कौन सा सुधार करने पर बेहतर परिणाम हासिल किया जा सकता है। इसलिए सबकुछ अटकल पच्चू प्रयोगों पर निर्भर था। आखिरकार जब पोलधू से संदेश आया कि बिलकुल स्पष्ट संकेत मिले हैं तो सब खुशी से नाच उठे। इसमें कितना श्रम और माथापच्ची हुई होगी, इसका अनुमान इस बात से लगाया जा सकता है कि पहला संकेत पोलधू स्टेशन को कनाडा से 19 नवंबर, 1902 को भेजा गया था और अंततः 14 दिसंबर को पोलधू से केबल आया कि संकेत अब स्पष्ट हैं और हम संकेत को बिना किसी दिक्कत के पढ़ सकते हैं।

अब घोषणा करने का समय आ गया था कि अटलांटिक पार तक की रेडियो संचार सेवा आरंभ की जा सकती है। यह नितांत आवश्यक था, क्योंकि इस योजना में भारी निवेश हुआ था और मार्कोनी पर बहुत अधिक वित्तीय दबाव पड़ रहा था। उनके आलोचक और विरोधी तरह-तरह के वैज्ञानिक तर्क देकर चिल्ल-पों मचा रहे थे कि यूरोप से अमेरिका तक बेतार संदेश भेजना संभव नहीं और मार्कोनी भी इस मकसद में कामयाब नहीं होंगे। इन लोगों की बोलती बंद करना भी जरूरी था, क्योंकि ये समाचार-पत्रों में इस आशय के बयान देकर और टिप्पणियाँ लिखकर उनकी कंपनी के विरुद्ध निरंतर दुष्प्रचार कर रहे थे। इस कार्य के लिए मार्कोनी ने टाइम्स के संवाददाता डॉ. पार्किन को चुना, ताकि वे स्वयं अपने समाचार-पत्र को संदेश भेजें और उसका परिणाम देखें। अगले दिन यानी 15 दिसंबर को यह कार्य संपन्न करना तय हुआ, तब डॉ. पार्किन ने यह संदेश भेजा जिसमें कहा गया था कि पार्किन अटलांटिक पार पहला विधिवत् बेतार संदेश भेजकर इंग्लैंड और इटली को अपनी शुभकामनाएँ देते हैं।

संदेश आशा के अनुरूप बिना किसी बाधा के पहुँच गया, लेकिन मार्कोनी के लिए एक समस्या खड़ी हो गई। वे चाहते थे कि इससे

पहले कि किसी समाचार-पत्र में उनकी रेडियो संदेश प्रणाली की सफलता का समाचार छपे, इसकी खबर इटली और इंग्लैंड के सम्राट् को दी जाए। इसके बाद ही यह बात सार्वजनिक हो। अत: उन्होंने पोलधू को तार भेजकर निर्देश दिया कि डॉ. पार्किन के संदेश को थोड़ा रोक दिया जाए। अगले दिन यानी 16 दिसंबर की रात को इटली के सम्राट् के लिए एक संदेश और इंग्लैंड के सम्राट् के लिए दो संदेश भेजे गए। एक मार्कोनी की तरफ से और दूसरा कनाडा के गवर्नर की तरफ से। उपकरणों की खराबी के कारण ये संदेश विलंब से पहुँचे, लेकिन इस सफलता के बाद सारा माहौल बदल गया।

इन संदेशों से इंग्लैंड और इटली के सम्राट् न केवल मार्कोनी की सफलता पर प्रसन्न हुए, उन्होंने बाकायदा जवाब में अपने बधाई संदेश भी भेजे। टाइम्स में इस सफलता का समाचार छपते ही सारी दुनिया में इस अभूतपूर्व सफलता की खबर फैल गई। मार्कोनी ने अपने हस्ताक्षरों से एक विज्ञप्ति निकालकर इटली के समाचार-पत्रों को भेजी जिसमें नई दुनिया और पुरानी दुनिया के बीच रेडियो दूरसंचार संपर्क बनाने की सफलता का ब्योरा था। इटली के अखबारों ने और उनके माध्यम से विश्व के अनेक अन्य अखबारों ने इस समाचार को प्रमुखता से छापा। अब यह बात सारे विश्व के सामने असंदिग्ध रूप से साबित हो गई थी कि अटलांटिक के पार बेतार संदेश भेजे जा सकते हैं और मार्कोनी ने यह कर दिखाया है। उनके प्रयोगों की सफलता की संभावनाओं पर संदेह प्रकट करनेवालों और आलोचकों को मार्कोनी ने प्रत्यक्ष प्रमाण का जवाब दिया।

कनाडा से इंग्लैंड के बीच रेडियो दूरसंचार को सुचारू बनाने के बाद मार्कोनी ने अमेरिका का रुख किया, जहाँ उन्हें केप काड से इंग्लैंड तक संदेश प्रसारित करने की व्यवस्था करनी थी। वहाँ स्टेशन बनकर तैयार था और मार्कोनी को केवल कुछ सूक्ष्म सुधार करने के बाद

औपचारिक रूप से संदेश प्रसारण आरंभ करना था। ग्लेस बे के टेबल हेड वाले स्टेशन की अपेक्षा यहाँ का काम अपेक्षाकृत सरल था। स्टेशन तो अपने समस्त उपकरणों के साथ तैयार था ही, मुख्य काम उसे बेतार के दूरसंचार द्वारा टेबल हेड से जोड़ना था। यह काम मात्र तीन दिनों में ही पूरा कर लिया गया। इस बार मार्कोनी ने अपनी सफलता की प्रसिद्धि के लिए अब तक का सबसे बड़ा काम किया। उन दिनों थियोडोर रुजवेल्ट अमेरिका के राष्ट्रपति थे। मार्कोनी ने उन्हें राजी कर लिया कि वे इंग्लैंड के सम्राट् जॉर्ज सप्तम को संदेश भेजकर अमेरिका और इंग्लैंड के बीच रेडियो दूरसंचार स्थापित करने का शुभारंभ करें। थियोडोर इसके लिए सहर्ष तैयार हो गए और उन्होंने इस आशय का संदेश भेजा कि अमेरिका की जनता इंग्लैंड की जनता को और औरों को दोनों देशों के बीच मार्कोनी के रेडियो दूरसंचार के माध्यम से शुभकामना संदेश भेजती है। मार्कोनी ने यह व्यवस्था की थी कि संदेश अमेरिका में केपटाउन से कनाडा स्थित टेबल हेड तक पहुँच जाए, जहाँ से वह इंग्लैंड में पोलधू तक भेज दिया जाए, लेकिन इसकी जरूरत नहीं पड़ी। संदेश कनाडा तो पहुँचा ही, साथ ही सीधा पोलधू भी पहुँच गया।

इस विलक्षण सफलता पर मार्कोनी के पास दुनियाभर से बधाई के हजारों पत्र और तार आ रहे थे, पर उनके पास इस कामयाबी का जश्न मनाने का समय नहीं था। दुनिया उनके आविष्कार की सफलता और क्षमता को जानती थी और मार्कोनी उसकी कमियों को जानते थे। वे जल्दी-से-जल्दी अमेरिका में अपना काम निपटाकर इंग्लैंड के लिए रवाना होना चाहते थे, जहाँ पोलधू स्टेशन के कुछ उपकरणों में सुधार करके उसकी प्रसारण क्षमता बढ़ाएँ। इसके अलावा वे अपनी प्रयोगशाला में कुछ और प्रयोग करके एक नया उपकरण विकसित करना चाहते थे, जो उनकी वर्तमान स्फुलिंग-प्रणाली का स्थान ले सके। वर्तमान में उनकी संचार प्रणाली शक्तिशाली जेनरेटरों की विद्युत्धारा से सक्रियित

कंडेंसर्स के उत्सर्जन पर आधारित थी। वे इससे कहीं छोटा और कसाववाला उपकरण विकसित करना चाहते थे। इसके लिए वे कई सप्ताह तक प्रयोगशाला में जुटे रहे और अंततः एक चकरी की तरह घूमनेवाली दोलक डिस्क बनाने में कामयाब रहे। यह एक इस्पात की डिस्क थी। उसके छोर पर नियमित अंतर से ताँबे के संपर्क बिंदु थे। जब इस डिस्क को तीव्र गति से किसी जेनरेटर में इलेक्ट्रोड के मध्य घुमाया जाता था तो ताँबे के संपर्क बिंदुओं से वांछित आवृत्ति के स्फुलिंग निकलते थे। यह उपकरण पुरानी पद्धति से कहीं बेहतर, ठोस, सघन और सक्षम था। इसके साथ ही आविष्कारक ने पुराने एंटीना के डिजाइन में भी सुधार करके उसे नया रूप दिया, ताकि रेडियो दूरसंचार को और सुचारू बनाया जा सके। घूमनेवाली डिस्क और नए डिजाइन के एंटीना ने संचार प्रणाली को और चुस्त बनाया। इसके कारण बहुत बड़े आकार के कंडेंसरों की जरूरत नहीं थी और नया एंटीना कम फैलाव में भी संकेत ग्रहण कर सकता था। इस डिजाइन के छोटे आकार के एंटीना जलपोतों पर लगाने के लिए बहुत उपयुक्त थे, जहाँ बहुत अधिक दूरी तक संदेश भेजने की आवश्यकता नहीं पड़ती थी।

इतना व्यस्त और शुष्क जीवन बिताने वाले गुगलेल्मो मार्कोनी के मन में अपने माता-पिता के प्रति गहरे स्नेह और आदर का भाव सदा बना रहा। वे दूर रहने पर भी पत्र व्यवहार से उनसे संपर्क बनाए रखते थे। उनकी माता तो बहुधा उनके साथ रहीं, पर पिता अपने पुत्र की सफलता को प्रत्यक्ष देखने के लिए इंग्लैंड आने के अलावा अधिक समय अपने इटली वाले आवास पर ही रहे। मार्कोनी इटली की यात्राओं के दौरान अपने घर जाकर पिता के प्रति आदर-मान और प्रेम प्रदर्शित करना कभी नहीं भूले और दूर रहने पर सदा पत्र-व्यवहार द्वारा उनका हालचाल जानते रहे। आरंभ में अपने छोटे पुत्र के प्रति रूखा व्यवहार करने वाले और उसकी प्रतिभा को पहचानने में असफल रहे गुसेप

मार्कोनी अब अपने आविष्कारक पुत्र की चमत्कारी सफलता पर गर्व करते थे। वे 7 फरवरी, 1899 को जब अपने पुत्र की सफलता को प्रत्यक्ष देखने लंदन आए थे, तब उनकी उम्र 77 साल थी। मजबूत कद-काठी और अच्छी सेहतवाले गुसेप मार्कोनी अब बढ़ती उम्र के साथ कमजोर हो रहे थे। लंदन का मौसम और थकानेवाली, भागम-भाग उन्हें रास नहीं आई। ग्रामीण पर्यावरण में सुख-शांति का जीवन बितानेवाले गुसेपो अंततः 25 फरवरी आते-आते थकान और कमजोरी के कारण बीमार पड़ गए और इलाज के बाद सेहत में थोड़ा सुधार होते ही वे वापस इटली लौट गए। अब उम्र का असर उनकी सेहत पर पड़ रहा था। उनका स्वास्थ्य निरंतर गिर रहा था। गुगलेल्मो की माता अपने पति के स्वास्थ्य को लेकर चिंतित रहने लगीं और वे अपना अधिकांश समय पुत्र के साथ लंदन रहने की अपेक्षा उनके साथ बिताने लगीं।

मार्च, 1904 में गुगलेल्मो मार्कोनी अपने अन्य व्यस्त कार्यक्रमों से समय निकालकर इटली आए। इस यात्रा के तीन मुख्य उद्देश्य थे। पहला तो रोम में इटली के पोस्टमास्टर जनरल से भेंट करके उनकी इच्छानुसार वहाँ एक बड़ा रेडियो दूरसंचार स्टेशन बनाने की योजना को अंतिम रूप देना। पोस्टमास्टर जनरल चाहते थे कि एक ऐसा बेतार केंद्र रोम में बने जिससे इटली और अर्जेंटीना के बीच सीधा रेडियो संपर्क हो जाए। इस काम से निवृत्त होकर वे 24 मई को अपने पैतृक नगर आए। वहाँ उन्हें दूसरा काम था। स्थानीय विश्वविद्यालय के स्कूल ऑफ एप्लायड इंजीनियरिंग से एक मानद उपाधि प्राप्त करना। तीसरा और मुख्य उद्देश्य था अपने माता-पिता से मिलकर उनका हालचाल जानना। अपने माता-पिता को अत्यंत रुग्ण पाकर उनका मन बहुत व्यथित हुआ। हालाँकि उनकी माता अपने पति को गाँववाले घर से यहाँ शहर ले आई थीं, ताकि उनकी अच्छी देखभाल हो सके और बेहतर चिकित्सा सुविधा हर समय उपलब्ध रहे, पर इसके बावजूद उनका स्वास्थ्य लगातार गिर रहा था। डॉक्टरों ने

गुगलेल्मो को बताया कि हालाँकि बड़े मार्कोनी बहुत बीमार हैं, पर खतरे की कोई बात नहीं है। 25 मई को गुगलेल्मो ने मानद उपाधि का सम्मान स्वीकार किया, लेकिन उनके पिता पुत्र के सम्मान में हुए इस समारोह में शामिल नहीं हो सके। वे अपनी रोग शैय्या से उठने के काबिल न थे। उसी रात गुसेप मार्कोनी की हालत अचानक बिगड़ गई और कुछ किया जाता, इससे पहले ही वे चल बसे। अचानक हुए इस हादसे ने मार्कोनी को हिलाकर रख दिया। मान-सम्मान की सारी खुशी एक पल में काफूर हो गई और सदमे के चलते उनका शरीर बुखार से तपने लगा।

मार्कोनी पिता की अंतिम-क्रिया के बाद लंदन लौटे और फिर से कंपनी के आवश्यक कामों में व्यस्त हो गए। 3 अगस्त, 1904 को उन्होंने भूमध्यसागर की पहली अंतरराष्ट्रीय व्यावसायिक रेडियो दूरसंचार सेवा का उद्घाटन किया। उन्होंने एनकोना में मोंट कापुसिनी पर और वेनिस में टोर पायलेटी पर बेतार संचार के स्टेशन स्थापित किए और फिर पोलधू के अपने मुख्य और शक्तिशाली स्टेशन से इन दोनों स्टेशनों का संपर्क जोड़ दिया।

□

8

प्रेम का ज्वार

पिता की मृत्यु के बाद मार्कोनी ने अपनी माता और भाई को भी लंदन बुला लिया। भाई अल्फोंसो को उन्होंने अपनी कंपनी में एक अच्छा ओहदा दे दिया। माँ एनी पहले ही अधिकांश समय लंदन में रहती थीं। उनके मायके के कई संबंधी और मिलनेवाले वहाँ थे। स्वयं आयरलैंड की होने के कारण वे ब्रिटिश मूल की थीं। अतः उनका खूब मन लगता था। इससे पहले बड़े भाई और पिता के पैतृक गृह में रहने और माँ एनी और गुगलेल्मो मार्कोनी के इंग्लैंड में रहने के कारण परिवार बरसों तक दो भागों में विभक्त रहा। यह सब परिस्थितिवश था, किसी आपसी मनमुटाव या प्यार में कमी के कारण नहीं। जहाँ तक परस्पर प्रेम का प्रश्न है, गुगलेल्मो का अपने पिता या भाई के प्रति या एनी का अपने पति या बड़े पुत्र के प्रति प्रेम कभी कम नहीं रहा, लेकिन वे अपने छोटे पुत्र की प्रतिभा के विकास और जीवन में उसकी सफलता के लिए प्रेरणास्रोत व सहायक बनकर उनके साथ बरसों तक इंग्लैंड में ही रहीं। पति के अस्वस्थ हो जाने पर ही वे इटली उनके पास गईं और जी-जान से उनकी सेवा की। इसी तरह इटली में अपनी जमींदारी से संतुष्ट पिता गुसेप मार्कोनी

अपने बड़े बेटे के साथ अपने पैतृक निवास में ही रहे, पर वे छोटे पुत्र की सफलता का बराबर जायजा लेते रहे और उन्होंने समय-समय पर उसे अपना अगाध स्नेह जताया। प्रेम-विवाह होने के कारण अंतिम समय तक वे अपनी पत्नी एनी को भी चाहते रहे। दरअसल आरंभ में उन्होंने पत्नी के प्रति प्रेम के कारण ही उसका आग्रह मानकर गुगलेल्मो की सहायता की थी, वरना उन्हें उसके बचकाने प्रयोगों पर कोई विश्वास न था।

बहरहाल, अब जो परिवार परिस्थितियों के चलते दो भागों में बँट गया था, वह परिस्थितियों के कारण ही फिर से एकजुट हो गया था। पैतृक गृह में अब इन लोगों का न कोई विशेष काम था, न उद्देश्य। अपनी जायदाद का बेहतरीन हिस्सा गुसेप मार्कोनी ने छोटे बेटे गुगलेल्मो मार्कोनी के नाम वसीयत में कर दिया था। गुगलेल्मो को अब इटली की इस जायदाद के प्रति विशेष आकर्षण न था। उनकी गतिविधियों का केंद्र लंदन था और बेतार का दूरसंचार उनका क्षेत्र। बड़े बेटे को मिली शेष संपत्ति इस लायक तो थी नहीं कि उसे वहाँ बाँधे रखती। मार्कोनी की कंपनी बड़ी तेजी से तरक्की कर रही थी। अतः उसे हर दृष्टि से उनकी कंपनी में पद स्वीकार करना उचित लगा।

ड्रोयोलैंड में इंचिक्विन परिवार का एक विशाल किला था, जिसके पास घना जंगल और बगल में ही बहुत बड़ा, सुंदर बगीचा था। मार्कोनी कभी-कभी थोड़ा समय बिताने वहाँ जाया करते थे। यह उच्च सामंती घराना था जिसकी आर्थिक स्थिति समय के साथ निरंतर गिरती जा रही थी, फिर भी उनकी वर्तमान हैसियत से उनके गौरवशाली अतीत का सहज ही अनुमान लगाया जा सकता था। परिवार के मुखिया लॉर्ड इंचिक्विन का सन् 1900 में देहांत हो गया था। उनकी पत्नी लेडी इंचिक्विन को सुंदर प्राकृतिक वातावरण की अपेक्षा लंदन

का चमक-दमकवाला माहौल ज्यादा पसंद था और वे अधिकांश समय अपने लंदनवाले आलीशान घर में ही बिताना पसंद करती थीं। वहाँ की उच्च सोसाइटी की महफिलों में थिरकना उनका शौक था और उसके बारे में विभिन्न पत्र-पत्रिकाओं में वे विभिन्न नामों से गॉसिप और स्कैंडल लिखा करती थीं। लॉर्ड इंचिक्विन के निधन के बाद उनका बड़ा बेटा परिवार का मुखिया बना। वह अपनी माता और आठ बहनों के साथ लंदन वाले घर में रहता था। सबकुछ पहले की तरह ही चल रहा था। वैसे तो लेडी इंचिक्विन की आठों बेटियाँ सुंदरता में एक-से-एक थीं, पर उनमें भी उनकी 19 साल की बेटी बिएट्रिस ओ ब्रिएन के रंग-रूप की लंदन की ऊँची सोसाइटी में विशेष चर्चा थी।

संयोग कुछ ऐसा हुआ कि मार्कोनी एक बार जब एक महिला श्रीमती वान टाल्टे से मिलने ड्रोमोलैंडवाले ब्राउन सी कासल आए तो उस महिला के साथ उनकी बेटी और बिएट्रिस भी थी। मार्कोनी ने उसे देखा तो देखते ही रह गए। नजर उस पर से हटती ही नहीं थी। इधर मार्कोनी जैसे जगत् प्रसिद्ध आविष्कारक को अचानक अपने सामने पाकर बिएट्रिस की हैरानी का ठिकाना न रहा। उसने माता-पिता से उनके बारे में बहुत कुछ सुन रखा था। इसके अलावा पत्र-पत्रिकाओं में और लंदन की उच्च सोसाइटी में भी उनके आश्‍चर्यजनक आविष्कार के बारे में बहुत कुछ पढ़ने-सुनने को मिलता था। मार्कोनी से मिलकर वह बहुत प्रभावित हुई, जैसे कोई भी 19 साल की लड़की किसी बड़े और प्रसिद्ध व्यक्ति से मिलकर होती है, लेकिन इसके अलावा उसने उम्र में अपने से बहुत बड़े मार्कोनी के बारे में कुछ नहीं सोचा। उसके बाद तो मार्कोनी का ब्राउन सी कासल आने का सिलसिला बढ़ गया। वहाँ वे बिएट्रिस से मिलते तो उसे अपने आविष्कार की नित नई कहानियाँ सुनाते। बिएट्रिस कई बार बोर भी

होती, लेकिन इस महान् आविष्कारक के प्रति आदर-मान के कारण उनकी बातें ध्यान से सुना करती। उसने मार्कोनी की आँखों में अपने प्रति प्रेम और आकर्षण भी देखा था, पर अपनी तरफ से न तो कोई प्रतिक्रिया जाहिर की और न ही ऐसी कोई हरकत की जिससे मार्कोनी का हौसला बढ़े। तिस पर भी मार्कोनी माने नहीं और उसके सामने शादी का प्रस्ताव रख दिया। बिएट्रिस लिहाज के मारे सीधे-सीधे इनकार नहीं करना चाहती थी। अतः उसने यह कहकर टाल दिया कि सोचने के लिए समय चाहिए और इस बारे में अपनी बहन से भी सलाह करना चाहती है, जो अभी जर्मनी में है।

मार्कोनी समझ गए कि वह बहाना बनाकर उन्हें टाल रही है, पर वे दिल का क्या करते! अपनी भावनाओं पर काबू न रखने के कारण वे अधीर होकर किसी-न-किसी बहाने बिएट्रिस से अपने प्रेम का इजहार करते ही रहते। कभी प्रेम-पत्र लिखकर, कभी फूल भेजकर और कभी कोई कीमती तोहफा भेजकर। बिएट्रिस आखिरकार इससे तंग आ गई तो एक दिन उसने मार्कोनी को चाय पर आमंत्रित किया और एकदम स्पष्ट शब्दों में बता दिया कि वह उनसे प्रेम नहीं करती और उनके विवाह-प्रस्ताव को स्वीकार नहीं कर सकती। मार्कोनी को बहुत ठेस लगी, पर वे मन मसोसकर रह गए।

अपने गम को भुलाने के लिए मार्कोनी के पास एक ही सकारात्मक रास्ता था। उन्होंने अपने आपको पहले से भी कहीं अधिक व्यस्तता के साथ काम में झोंक दिया। उन्होंने ताबड़तोड़ दौरे करके तुर्की, बुल्गारिया और रुमानिया में शक्तिशाली रेडियो दूरसंचार केंद्र स्थापित किए और इटली में मार्कोनी कंपनी ऑफ जिनेवा की स्थापना की। तकनीकी स्तर पर अपने दूरसंचार को और उन्नत बनाने के लिए भी उन्होंने अथक परिश्रम किया। उनके सहयोगी और वैज्ञानिक सलाहकार जॉन एंब्रोज फ्लेमिंग का योगदान भी रेडियो दूरसंचार

प्रणाली के विकास में बहुमूल्य रहा। वे सदा बड़ी लगन से अपने काम में जुटे रहे। मार्कोनी ने अनेक गुत्थियाँ सुलझाने का काम उनको सौंपा, जो उन्होंने बड़ी तत्परता से सफलतापूर्वक संपन्न किया। उपरकरणों के विकास और दूरसंचार स्टेशनों के डिजाइन तैयार करने में भी उनका महत्त्वपूर्ण योगदान रहा। फ्लेमिंग ने कई प्रयोग करके एक थर्मियोनिक वॉल्व का आविष्कार किया था। यह वॉल्व रेडियो विद्युत् तरंगों के संचार और प्रवर्धन में बहुत सहायक सिद्ध हुआ। इसी से इनसान की आवाज का प्रसारण और ग्रहण संभव हुआ, जिससे आगे चलकर रेडियो और फिर टेलीविजन का विकास हो सका। इस वॉल्व का उपयोग करते हुए और अपने अन्य उपकरणों में परिष्कार करके मार्कोनी ने अपने दूरसंचार स्टेशनों को और सशक्त बनाने का काम किया। एक प्रमुख समस्या यह थी कि सूर्य की किरणें विद्युत्-चुंबकीय तरंगों के प्रवाह पर नकारात्मक प्रभाव रखती थीं, जिसके कारण दिन के समय बहुत लंबी दूरी तक संकेत भेजने में कठिनाई होती थी। मार्कोनी ने इस समस्या का हल निकालने के लिए कई तरह के सुधार किए। उन्होंने दीर्घ तरंगों के संचार के लिए एक दिशापरक एंटीना विकसित किया। नए किस्म की धातु की चद्दर के कंडेंसर और नए आवर्ती-चक्रों का विकास किया। इन उपकरणों के थोड़े और परिष्कार एवं बेहतर संयोजन से आगे चलकर दिन के समय में भी बिना किसी बाधा के संकेत भेजना संभव हो सका।

प्रेम में असफल होकर सबकुछ बर्बाद करनेवालों के उदाहरण तो बहुत मिलते हैं, लेकिन मार्कोनी ने यह उदाहरण पेश किया कि असफलता की खीज और निराशा से छुटकारा पाने के लिए स्वयं को अपने काम में लीन कर देना ही श्रेयकर है। प्रेम में उनकी असफलता ने उनके आविष्कार का और विकास करने में सहयोग दिया। अब इंग्लैंड से कनाडा तक अबाध रूप से दिन या रात में

किसी भी समय व्यावसायिक स्तर पर बेतार दूरसंचार से संदेश भेजना संभव हो गया था। मार्कोनी की कंपनी ने इस तकनीकी सफलता के बाद ब्रिटिश सरकार से इंग्लैंड के डाकघरों से पोलधू स्टेशन के माध्यम से कनाडा के डाकघरों को ग्लेस बे के माध्यम से व्यावसायिक स्तर पर बेतार दूरसंचार सेवा आरंभ करने के लिए संपर्क बनाने की अनुमति प्राप्त कर ली थी।

मार्कोनी के सामने बेतार दूरसंचार की जो बड़ी चुनौतियाँ थीं, उनसे उन्होंने पार पा लिया था। तकनीकी और व्यावसायिक व्यस्तता अब भी थी, पर पहलेवाला हाल न था। असफल प्यार की कसक अब भी उनके दिल में बरकरार थी, जो रह-रहकर टीस करती थी। अकसर ऐसा होता है कि जहाँ कभी आपने अपनी प्रेमिका के साथ कुछ समय बिताया हो, उसके वियोग का समय भी वहीं बिताने का मन होता है। कुछ ऐसी ही भावना से प्रेरित मार्कोनी का मन अब थोड़ी फुरसत पाने के बाद ब्राउन सी कासल जाने के लिए मचलने लगा। अपनी पहली फुरसत में ही वे वहाँ जाने के लिए रवाना हो गए, लेकिन हर किसी के भाग्य में स्थायी वियोग लिखा हो, यह जरूरी नहीं होता। हुआ यह कि जिसकी यादें ताजा करने के लिए मार्कोनी ब्राउन सी कासल गए थे, संयोग से वह उन्हें वहाँ फिर मिल गई।

बिएट्रिस ऊँचे घराने से थी। वह उच्च सोसाइटी की तहजीब में पली-बढ़ी थी। महान् आविष्कारक होने के कारण मार्कोनी के लिए उसके मन में आदर का भाव था। अतः मुलाकात होने पर वह बड़ी विनम्रता से पेश आई। उसने यह भी कहा कि मुझे खेद है कि मैंने आपका विवाह-प्रस्ताव ठुकराकर आपका दिल दुखाया, पर यह मेरी विवशता थी। मैं आपसे विवाह नहीं कर सकती, क्योंकि मुझे आपसे प्यार नहीं है। विरह के अथाह सागर में डूबते मार्कोनी को तिनके

का सहारा मिला। परिपक्व बुद्धि के व्यवहारकुशल मार्कोनी ने किशोरी बिएट्रिस की खुशामद करके उसे राजी कर लिया कि प्रेमी या जीवनसाथी न सही, हम दोनों अच्छे दोस्त तो बन ही सकते हैं। मैं तुम्हें बहुत पसंद करता हूँ और तुम्हें भी मुझसे कोई गुरेज तो नहीं। सुंदरी बिएट्रिस को इसमें कोई बुराई नजर नहीं आई। अगर मार्कोनी जैसे महान् आविष्कारक का नाम भी उसके मित्रों की सूची में हो तो लंदन की उच्च सोसाइटी में यह उसके लिए गर्व की ही बात होगी। उसने तुरंत हामी भर दी। अंधा क्या चाहे, दो आँखें। मार्कोनी का दिल बाग-बाग हो गया। उसके बाद वे जितने दिन कासल में रहे, मार्कोनी ने अपना सारा ध्यान उस पर केंद्रित रखा। वे उसे कई बार समुद्र में अपने साथ नौका-विहार पर ले गए। हर तरह से उसे अपने प्रति आकर्षित करने का प्रयास किया और अंततः सफल रहे। आखिरकार वे आविष्कारक थे। उनसे बढ़कर इस तथ्य से कौन परिचित था कि एक बार कोई प्रयोग करने में असफल हो जाओ तो निराश होकर बैठो नहीं। उसे संशोधन के साथ बार-बार दोहराओ, कभी-न-कभी सफलता जरूर मिलेगी।

बिएट्रिस मार्कोनी से सगाई करने के लिए इस शर्त पर राजी हुई कि उसकी एक बहन लिला इसके लिए सहमत हो। उसने मार्कोनी के प्रति अपने प्रेम के बारे में लिला को एक लंबा पत्र लिखा और सगाई की अनुमति देने का अनुरोध किया। इस अनुमति के बाद सगाई की रस्म पूरी कर ली गई, फिर जब बिएट्रिस के बड़े भाई और माँ को इसकी खबर लगी तो उन्होंने इस शादी का विरोध किया। इसका एक कारण तो यह था कि मार्कोनी विदेशी थे। दूसरे, भले ही बड़े आविष्कारक हों, दोनों परिवारों के स्तर में बहुत अंतर था। बिएट्रिस पिता की तरफ से राजघराने से संबंध रखती थी। उसकी माता भी अत्यंत कुलीन सामंती परिवार से थीं। मार्कोनी उनकी नजर में इटली

के एक साधारण किसान के पुत्र थे। मार्कोनी को अपने पिता से विरासत में जो कुछ संपत्ति मिली थी, उनकी कंपनी की कुल पूँजी मिलाकर भी इंचिक्विन परिवार की विशाल संपत्ति और शानशौकत के सामने तुच्छ ही थी। हालाँकि इंचिक्विन परिवार की आर्थिक स्थिति में गिरावट आ रही थी, फिर भी किसी सामान्य परिवार की हैसियत के मुकाबले तो वे बहुत बड़े ही थे। एक और भी बात थी कि मार्कोनी उम्र में बिएट्रिस से काफी बड़े थे। इन सब मुद्दों को लेकर उसके बड़े भाई लॉर्ड इंचिक्विन और माता ने विवाह का विरोध किया। बिएट्रिस के लिए सामंती परिवार के लड़कों की कमी न थी, पर अब तो इश्क उसके सिर चढ़कर बोल रहा था। उसने दृढ़ता से कह दिया कि वह हर हाल में मार्कोनी से ही विवाह करेगी। उसकी माता और भाई ने सोचा कि बात बिगड़ गई तो परिवार की बहुत बदनामी होगी। अतः विवश होकर इस मामले में ढील दे दी। मार्कोनी ने बिएट्रिस की माँ से मिलकर उनसे विवाह की अनुमति देने की याचना की तो उसने अनमने भाव से हामी भर दी। इसके बाद 16 मार्च, 1905 को बिएट्रिस और मार्कोनी का बड़ी धूमधाम से विवाह हुआ जिसमें विश्व के कई देशों के अत्यंत गण्यमान्य जन वर-वधू को शुभकामनाएँ एवं आशीर्वाद देने के लिए पधारे। विवाह के बाद भी उन्हें विश्व के कोने-कोने से बधाई संदेश और भेंट के पार्सल आते रहे। उन्होंने अपना हनीमून मनाने के लिए भी ड्रोमोलैंड कासल को ही चुना, जहाँ एक सप्ताह तक हनीमून मनाने के बाद मार्कोनी अपने काम के दबाव के कारण इंग्लैंड लौट आए।

दूरसंचार के क्षेत्र में भारी सफलता मिलने के बावजूद मार्कोनी अटलांटिक के आर-पार नियमित संदेश भेजने की सुचारू व्यवस्था करने में अब तक सफल नहीं हो सके थे। खासतौर पर दिन में संदेश भेजना बहुत कठिन होता था। मार्कोनी ने पहले पोलधू स्टेशन में सुधार

करने का प्रयास किया, पर जिस तरह के बड़े एंटीना और अन्य उपकरणों की आवश्यकता थी, वैसे वहाँ स्थानाभाव के कारण स्थापित नहीं किए जा सकते थे और अधिक जमीन खरीदकर स्टेशन का विस्तार करना बहुत मुश्किल था, क्योंकि आसपास जमीन बहुत महँगी थी। मार्कोनी की कंपनी जो कुछ कमाई करती थी, वह नए प्रयोगों या उपकरण बनाने में तथा अन्य खर्चों में खप जाती थी। कंपनी की वित्तीय स्थिति खराब थी और ऐसी हालत में पोलधू में महँगी जमीन खरीदना मार्कोनी के बूते की बात न थी। इसका हल मार्कोनी ने आयरलैंड के पश्चिमी तट पर क्लिफलैंड में एक नया स्टेशन बनाने का निर्णय लेकर निकाला। इसके साथ ही उन्होंने पोलधू स्टेशन की प्रसारण क्षमता बढ़ाने का भी भरसक प्रयास किया। और कनाडा के ग्लेस बे वाले स्टेशन पर भी अपना नए डिजाइन का दिशापरक एंटीना लगाने का निर्देश दिया। इन सारे काम को स्वयं अपनी निगरानी में संपन्न कराने के इरादे से वे कनाडा की समुद्री यात्रा पर चल दिए। पत्नी बिएट्रिस उनके साथ थी। मार्कोनी अपनी यात्रा के दौरान भी प्रयोग में व्यस्त रहते थे और बिएट्रिस को उन्होंने लंबी समुद्री यात्रा के दौरान जहाज पर होनेवाले आमोद-प्रमोद और पार्टियों में भाग लेने के लिए छोड़ दिया, ताकि वह अकेलेपन का अनुभव न करे। जैसा कि स्वाभाविक ही था, शीघ्र ही जहाज के कुछ यात्री खुले विचारोंवाली युवा सुंदरी बिएट्रिस में काफी दिलचस्पी लेने लगे। अब मार्कोनी के सामने समस्या आई कि करें तो क्या करें। बिएट्रिस पर जहाज पर होनेवाली सांस्कृतिक गतिविधियों से दूर रहने की पाबंदी लगाना उचित नहीं था। उन्होंने सोचा कि क्यों न उसे अपने काम में शामिल किया जाए। मार्कोनी ने उसे कोर्स की कुंजी का प्रयोग करने और उससे भेजे जानेवाले संकेतों की भाषा सीखने को कहा। उन्हें उम्मीद न थी कि ऐशोआराम में पली-बढ़ी बिएट्रिस इस तरह

के रूखे काम में कोई दिलचस्पी लेगी या इतनी कड़ी मेहनत करेगी, पर यह देखकर उनके आश्चर्य का ठिकाना न रहा कि बिएट्रिस ने न केवल काम सीखने में पूरी दिलचस्पी ली, बल्कि बहुत कम समय में ही उसे सीख लिया।

बिएट्रिस का एक और गुण मार्कोनी को अपने आर्थिक संकट के समय पता चला। उनकी आर्थिक स्थिति लगातार बिगड़ती जा रही थी। इंग्लैंड से अमेरिका तक की बेतार-दूरसंचार सेवा व्यावसायिक स्तर पर अभी भी सफलतापूर्वक नहीं चल रही थी। इसके लिए नए स्टेशन के निर्माण और पुराने स्टेशनों पर नए शक्तिशाली उपकरण व दिशापरक विशाल एंटीना लगाने में बहुत खर्च आ रहा था। स्टाफ का खर्चा भी बहुत था और आमदनी नियमित सेवा आरंभ होने पर ही शुरू होती थी। मार्कोनी ने अमीर घराने की ऐशोआराम में पली अपनी पत्नी से यह सब छिपा रखा था और खर्चीली जिंदगी जीने की आजादी दी हुई थी, पर हालात से बेबस होकर उन्होंने एक बार हिम्मत करके उसे सब कुछ बता दिया। उस समय मार्कोनी के आश्चर्य का ठिकाना न रहा जब, बिएट्रिस ने सबकुछ बड़े ध्यान और गंभीरता से सुना। इसके बाद पति को हर तरह का सहयोग देने और हर हाल में उसका साथ देने का वचन देते हुए उसे अपने उद्देश्य में डटे रहने की प्रेरणा भी दी।

कनाडा में वेव्यान ने मार्कोनी के निर्देश के अनुसार टेबल हेडवाले स्टेशन को चाक-चौबंद कर दिया। क्लिफडेन के स्टेशन पर भी टेबल हेड की तरह के अतिशक्तिशाली ट्रांसमीटर और कंडेंसर लगा दिए गए थे। इन नए शक्तिशाली उपकरणों और अंग्रेजी के एल अक्षर के आकार के नए दिशापरक एंटीना के साथ अब इन स्टेशनों की संकेत भेजने की क्षमता पहले से कहीं अधिक हो गई थी। इन दोनों स्टेशनों में स्थायी संपर्क भी बना दिया गया था। मार्कोनी को इससे बहुत सहायता

मिली। अपनी अनुपस्थिति में हुए इस काम से उनको बहुत संतोष हुआ अंततः सन् 1907 में उन्हें कनाडा से इंग्लैंड तक नियमित और अबाध रूप से रेडियो दूरसंचार सेवा आरंभ करने की सरकारी अनुमति भी मिल गई। इसके बाद तो उनकी कंपनी को दुनिया के कोने-कोने से दूरसंचार उपकरण स्थापित करने के ऑर्डर मिलने लगे। काम की बाढ़ सी लग गई जिसे सँभालना मुश्किल पड़ रहा था।

□

9

नोबेल पुरस्कार

अटलांटिक महासागर के आर-पार नियमित दूरसंचार की स्थापना एक बहुत बड़ा कारनामा था जिसने मार्कोनी की ख्याति विश्व के कोने-कोने में फैला दी। उन्हें अपने आविष्कारों के लिए पुरस्कार और मानद् उपाधियाँ तो मिल चुकी थीं, पर अब समय आ गया था कि उन्हें विज्ञान के लिए दिए जानेवाले सबसे बड़े पुरस्कार से नवाजा जाए। सन् 1909 में उन्हें भौतिकी के लिए नोबेल पुरस्कार दिए जाने की घोषणा की गई जिसके वे पूरी तरह हकदार थे। चूँकि रेडियो दूरसंचार के विकास के लिए अन्य समानांतर प्रयास भी चल रहे थे, अतः नोबेल पुरस्कार की कमेटी ने यह पुरस्कार मार्कोनी को प्रोफेसर कार्ल फर्डिनेंड के साथ साझे रूप में दिया। रेडियो दूरसंचार में प्रोफेसर कार्ल फर्डिनेंड का भी पर्याप्त वैज्ञानिक योगदान था। उन्होंने दूरसंचार की अपनी कंपनी भी टेलफुंकन के नाम से बनाई थी। यह कंपनी मार्कोनी की कंपनी की प्रतिस्पर्धी थी और अपने स्तर पर व्यवसाय कर रही थी। बहरहाल मार्कोनी को इस बात से बहुत प्रसन्नता हुई कि उनकी वैज्ञानिक उपलब्धि और आविष्कार को सर्वोच्च स्तर पर मान्यता मिली है। वे पुरस्कार समारोह में शामिल होने तथा यह सम्मान ग्रहण करने के लिए अपनी प्रिय पत्नी के साथ

स्वीडन के लिए रवाना हो गए।

मार्कोनी का दांपत्य जीवन छोटी-मोटी खटर-पटर के साथ लगभग सामान्य रूप से चल रहा था। कभी पति-पत्नी बहुत अच्छा समय बिताते तो कभी उनमें मनमुटाव हो जाता। अब तक मार्कोनी की दो संताने थीं। उनकी कंपनियों की व्यावसायिक सफलता के चलते अब धन की भी कोई कमी न थी, पर इसके साथ ही बिएट्रिस का सामंती तौर-तरीका, जो शायद परिस्थितियों के कारण सुषुप्त था, पूरी तरह जाग गया था। उसने बड़े पैमाने पर पार्टियाँ करने, अपने कुनबे के लोगों को आमंत्रित करके लंबे समय तक रखने और शाही अंदाज में उनकी मेहमाननवाजी करने का ताबड़तोड़ सिलसिला शुरू कर दिया था, जिससे मार्कोनी परेशान रहते थे। बात सिर्फ फिजूलखर्ची की ही नहीं थी। घर में रात-दिन के हंगामे से भी शांतिप्रिय अन्वेषक क्षुब्ध रहते थे। उन्होंने इस समस्या का हल खुद को अपनी वैज्ञानिक और व्यावसायिक व्यस्तता में लगाकर निकाला। अब उनका अधिकांश समय घर से बाहर किसी-न-किसी दौरे पर जाने में गुजरता था।

मार्कोनी ऐसे ही किसी लंबे दौरे के तहत अमेरिका जाने के लिए समुद्री जहाज पर सवार हुए। उनके जाने के कुछ दिनों बाद ही बिएट्रिस को पता चला कि वह फिर से गर्भवती है। वह इतनी रोमांचित हुई कि अपने पति से मिलने के लिए एक स्टीमर पर सवार हो गई। मार्कोनी के जहाज के अगले पड़ाव पर स्टीमर ने उसे वहाँ पहुँचा दिया। बिएट्रिस को एकाएक अपने जहाज पर चढ़ता देख मार्कोनी हैरान तो हुए, लेकिन बाद में यह जानकर कि उनको एक और संतान होनेवाली है, बहुत खुश भी हुए। मार्कोनी की इच्छा थी कि उनकी अगली संतान इटली में उनके अपने पैतृक घर विला ग्रिफोन में जन्म ले। बिएट्रिस इसके लिए राजी हो गई और कुछ नौकर-चाकर लेकर इटली के लिए रवाना हो गई। वहाँ अपने पुराने घर को अपने रहने लायक बनाया और अपनी एक

बहन के साथ वहाँ आराम से दिन गुजारने लगी। मार्कोनी जब अमेरिका से लौट रहे थे, तब उनको रेडियो दूरसंचार से यह शुभ समाचार मिला कि उन्हें 21 मई, 1910 को पुत्र रत्न की प्राप्ति हुई है। अपनी यात्रा पूरी करने के कुछ ही दिनों बाद वे अपने घर विला ग्रिफोन आए और बहुत दिनों बाद एक लंबे अरसे तक वहाँ अपने परिवार के साथ रहे। सितंबर में वे अपनी पत्नी और बच्चों के साथ इंग्लैंड लौट आए। वहाँ बिएट्रिस फिर से इंग्लैंड की उच्च सोसाइटी में शिरकत करने, पार्टियाँ करने और सगे-संबंधियों को न्योतने के अपने पुराने दौर में व्यस्त हो गई और मार्कोनी अपने तकनीकी उपकरणों को और परिष्कृत करने, नए उपकरणों का विकास करने और ग्राहकों के आदेश पर नए रेडियो दूरसंचार के नए स्टेशनों की स्थापना में व्यस्त हो गए।

1912 आते-आते मार्कोनी का व्यवसाय न केवल अंतरराष्ट्रीय स्तर का हो गया था, बल्कि और भी तेज रफ्तार से फल-फूल रहा था। उनकी 13 कंपनियाँ थीं, जो अमेरिका, फ्रांस, कनाडा, अर्जेंटीना, रूस, इटली, स्पेन आदि देशों में स्थापित थीं। उनकी ब्रिटिश मार्कोनी वायरलेस टेलीग्राफ कंपनी अब भी इनमें अग्रणी थी। इसकी एकल विदेश पूँजी डेढ़ लाख पाउंड हो गई थी। जिन जलपोतों पर मार्कोनी के बेतार के संचार उपकरण लगे थे, उनकी सूची पूरे ब्योरे के साथ हर महीने प्रभावित और वितरित की जाती थी, जिससे हर जलपोत के कप्तान को जानकारी मिल जाती थी कि किस दिन, किस समुद्र में उनका जहाज है, वहाँ कौन-सा दूसरा जहाज भी है, ताकि जरूरत पड़ने पर वे एक-दूसरे से संपर्क कर सकें। विश्व के विभिन्न देशों में उनकी कंपनियों के स्थापित किए गए छोटे-बड़े पचास से अधिक रेडियो दूरसंचार स्टेशन थे और उनकी संख्या निरंतर बढ़ रही थी। मार्कोनी को इस व्यावसायिक सफलता से भले ही संतोष हो, पर वह अपनी तकनीकी सफलता से कभी संतुष्ट नहीं हुए। उनके प्रयोग करने और वर्तमान उपकरणों में और सुधार

करने तथा नए उपकरणों के आविष्कार का सिलसिला सदा जारी रहा। अंतर केवल इतना था कि आरंभिक स्थितियों में वे केवल अकेले थे, जबकि इतना बड़ा व्यावसायिक प्रतिष्ठान बना लेने पर उनकी टीम में अनेक योग्य वैज्ञानिक और तकनीशियन भी थे जिनको वे नए उपकरणों का विकास करने के लिए सदा प्रेरित करते रहते थे। उनके पुराने सहयोगी और वैज्ञानिक सलाहकार जॉन फ्लेमिंग ने जिस डायोड वॉल्व का आविष्कार किया था, उससे मार्कोनी को बहुत आशाएँ थीं। उनका विश्वास था कि इसी दिशा में और प्रयास करके कुछ नया विकसित किया जा सकता है। इसी प्रेरणा और निर्देश के फलस्वरूप उनके एक अन्य अमेरिकी सहयोगी ली द फॉरेस्ट ने ट्रायोड का विकास किया। यह डायोड की अपेक्षा अधिक उन्नत और परिष्कृत वॉल्व था, जो रेडियो दूरसंचार की गुणवत्ता में बहुत बड़ा परिवर्तन लाने में सहायक सिद्ध हुआ।

उस समय के इतिहास पर एक नजर डालें तो हम देखेंगे कि ब्रिटिश साम्राज्य दूर-दूर तक फैला हुआ था। सरकार मार्कोनी के रेडियो दूरसंचार के महत्त्व को आरंभिक दिनों से ही पहचान गई थी और उसका उपयोग भी कर रही थी। उच्च स्तर पर यह विचार बना कि साम्राज्य के सभी राष्ट्रकुल देशों को रेडियो दूरसंचार के माध्यम से इंग्लैंड के साथ जोड़कर दूरसंचार का एक बहुत बड़ा संजाल बनाया जाए। मार्कोनी के पास जब यह प्रस्ताव आया तो उन्होंने इसे सहर्ष स्वीकार कर लिया और इस महती योजना पर काम करने के लिए जुट गए। परंपरागत केबल प्रणाली की अपेक्षा इनमें निवेश कम था, प्रसारण में कम समय लगता था और रखरखाव भी सरल था। एक बड़ा फायदा यह था कि केबल द्वारा की जानेवाली संचार व्यवस्था को जलमग्न तार काटकर भंग किया जा सकता था, जबकि बेतार प्रणाली में ऐसी कोई तोड़फोड़ करना या बाधा डालना संभव नहीं था। इसी बीच मार्कोनी की

कंपनी के विरुद्ध कदाचार के कुछ आरोप लगे और सारी योजना खटाई में पड़ गई। सारे मामले की जब उच्च स्तर पर जाँच की गई तो मार्कोनी पूरी तरह निर्दोष पाए गए। सरकार की तरफ से न केवल उनसे विधिवत् माफी माँगी गई, बल्कि ब्रिटिश सरकार को मार्कोनी के द्वारा दी गई सेवाओं और आविष्कार के लिए उन्हें नाइटहुड की उपाधि से नवाजा गया और वे सर मार्कोनी बन गए। यह ब्रिटिश सरकार की तरफ से मिलनेवाला बहुत बड़ा खिताब था, जो विदेशियों को बहुत कम दिया जाता था।

उन्हीं दिनों टाइटेनिक जहाज के डूबने की जगत्-प्रसिद्ध दुर्घटना घटी जिसे लोग आज भी याद करते हैं। यह एक विशेष और 'आधुनिक' किस्म का जलपोत था जिसके बारे में कहा गया था कि कभी डूब नहीं सकता । 10 अप्रैल, 1912 को पूरे तामझाम के साथ टाइटेनिक की समुद्री यात्रा आरंभ हुई। अपनी यात्रा के चार दिन बाद यह विशाल जलयान आधी रात को एक विशाल हिमखंड से टकराकर क्षतिग्रस्त हुआ और निर्माताओं के सारे दावों के बावजूद डूब गया। यह अपने समय की बहुत बड़ी दुर्घटना थी जिसमें 1500 लोग डूब गए। जिन 300 लोगों को बचाया जा सका, उसका श्रेय भी मार्कोनी के रेडियो दूरसंचार प्रणाली को दिया गया। टाइटेनिक पर मार्कोनी की रेडियो दूरसंचार प्रणाली लगी हुई थी, जिससे सहायता के लिए गुहार की गई। जहाज के बचे हुए यात्रियों ने न्यूयॉर्क पहुँचकर मार्कोनी के दूरसंचार उपकरणों की बहुत प्रशंसा की और आविष्कारक के प्रति आभार प्रकट किया, जिसके कारण ही उनकी प्राण-रक्षा हो सकी धी। इस बारे में एक और उल्लेखनीय तथ्य यह है कि टाइटेनिक के संचालक ने मार्कोनी और उनकी पत्नी को भी इस आरामदायक जहाज द्वारा यूरोप से अमेरिका तक की यात्रा करने के लिए आमंत्रित किया था। मार्कोनी को कुछ आवश्यक काम थे और जिस दिन जहाज रवाना होना था, तब तक वे

उन्हें निबटा नहीं सकते थे। अतः उन्होंने बाद में किसी तेज रफ्तार से अमेरिका जाने का इरादा किया। अलबत्ता बिएट्रिस इस आरामदायक और हर तरह की सुविधाओं से पूर्ण जहाज पर यात्रा करने को राजी हो गई, पर ऐन मौके पर अपने पुत्र के अस्वस्थ हो जाने के कारण वह भी न जा सकी। इस तरह ये दोनों ही उस हादसे का शिकार होने से बच गए।

मार्कोनी की कंपनी को यूरोप में रेडियो दूरसंचार बनाने के ऑर्डर निरंतर मिल रहे थे। स्पेन में ऐसा ही एक स्टेशन बनाने के बाद मेड्रिड विश्वविद्यालय में एक भव्य समारोह का आयोजन किया गया जिसमें सम्राट् अलफांसो तेरहवें ने आविष्कारक को ग्रैंड क्रास ऑफ द रॉयल ऑर्डर के अलंकरण से नवाजा।

मार्कोनी को तेज रफ्तार से कार चलाने का बहुत शौक था। वे अक्सर कार से लंबी यात्राएँ किया करते थे और बहुधा अपने ड्राइवर की जगह खुद कार का स्टेयरिंग सँभालते थे। ऐसी ही एक यात्रा के दौरान मार्कोनी जब अपनी आदत के मुताबिक तेज रफ्तार से गाड़ी चला रहे थे, उनकी कार सामने से आती एक कार से टकरा गई। दोनों कारें बुरी तरह क्षतिग्रस्त हो गईं। सभी यात्रियों को कुछ-न-कुछ चोट लगी। मार्कोनी की एक आँख में चोट लगी थी। उस समय तो शायद इस बात को बहुत गंभीरता से नहीं लिया गया, लेकिन बाद में विशेषज्ञों ने मार्कोनी की आँख का मुआयना करके निष्कर्ष निकाला कि तुरंत ऑपरेशन करना आवश्यक है। उनकी एक आँख को बचाया नहीं जा सकता था, लेकिन अगर ऑपरेशन न किया गया तो वे दूसरी आँख की दृष्टि भी खो देंगे। ऑपरेशन कामयाब रहा। मार्कोनी की एक आँख चली गई। उसके स्थान पर एक नकली आँख लगा दी गई। दूसरी आँख की रोशनी ऑपरेशन के बाद धीरे-धीरे लौट आई और वे फिर से अपने काम पर लग गए। इस दौरान उनके सहयोगियों ने कंपनी का सारा

काम बड़ी मुस्तैदी से सँभाले रखा जिससे मार्कोनी को बड़ा संतोष हुआ।

एक ओर जहाँ कंपनी की नित नई उन्नति और इतना मान-सम्मान और ख्याति पाकर मार्कोनी अपने जीवन से बहुत संतुष्ट थे, दूसरी ओर अपने पारिवारिक जीवन से उतने ही असंतुष्ट और खिन्न रहते थे। बिएट्रिस के खुले स्वभाव और सोसाइटी में थिरकन करने के अंदाज के कारण अकसर मार्कोनी उससे चिढ़ जाते थे। जब कभी वह किसी को अपनी सुंदर पत्नी के बहुत करीब आता देखते, ईर्ष्या से जल उठते। उसके बाद पति-पत्नी दोनों में बहुत झगड़ा होता। बिएट्रिस पर इन झगड़ों का कोई खास असर नहीं होता था। वह फिर अपने रास्ते पर चल पड़ती। समय के साथ ये झगड़े और जल्दी-जल्दी होने लगे।

बिएट्रिस की एक बहन मोइरा रंगमंच की डिजाइनर थी। स्वभावतः उसकी लंदन के प्रायः सभी प्रमुख कलाकारों से अच्छे मैत्री संबंध थे। मोइरा ने कई अभिनेत्रियों की जान-पहचान मार्कोनी से करा दी तो वे उनके साथ दोस्ती बढ़ाकर पत्नी के साथ आए दिन होनेवाले झगड़े और उनसे उत्पन्न कटुता को भूलने का प्रयास करने लगे। लंदन की सोसाइटी से इतनी घुली-मिली बिएट्रिस से भला यह कब तक छिपता। उसने मार्कोनी की हरकतों का जवाब देने के लिए कई प्रमुख मित्रों के साथ घनिष्ठता बढ़ानी शुरू कर दी। बात इतनी बढ़ी कि परिवार टूटने की नौबत आ गई। उसकी बहन के बहुत समझाने पर कि यह हद-से-हद हलका-फुलका रोमांस है और यह ज्यादा दिन चलनेवाला नहीं है, बिएट्रिस कुछ सँभली। उन्हीं दिनों अचानक बिएट्रिस की माता का निधन हो गया और उसका ध्यान सारी बातों से हटकर उस ओर गया। बिएट्रिस को माँ की मृत्यु का दुःख तो था ही, उसके साथ एक और बड़ी समस्या आ खड़ी हुई थी। उसके बड़े भाई ने माँ के मरने के बाद अपनी खर्चीली बहनों की जिम्मेदारी लेने से साफ इनकार कर दिया था।

अब बिएट्रिस ने मार्कोनी की खुशामद करके उसे किसी तरह अपनी बहनों को नियमित रूप से गुजारा भत्ता देने के लिए राजी कर लिया। मार्कोनी को यह बात पसंद न थी, लेकिन यह सोचकर कि शायद उनका अपना परिवार टूटने से बच जाए, मार्कोनी राजी हो गए।

परिवार इंग्लैंड में था और आए दिन के झगड़े और तनाव बरकरार थे। इनसे राहत पाने के लिए बिएट्रिस ने सोचा कि वह इस माहौल से दूर इटली चली जाए। मार्कोनी को भी यह ठीक लगा। उनकी रजामंदी के बाद बिएट्रिस अपने बच्चों को लेकर रोम आ गई और वहाँ एक होटल में अपना स्थायी अड्डा जमा लिया। परिवार के रहने की व्यवस्था हो जाने पर मार्कोनी एक बार फिर अपने काम पर लग गए। वे थर्मियॉनिक वॉल्व पर और अनुसंधान कर रहे थे। ये अधिक उपयुक्त तो थे ही, आकार में छोटे होने के कारण छोटी संचार प्रणाली में भी काम में लाए जा सकते थे। अभी वे अपने इस काम से निवृत्त ही हुए थे कि उन्हें फिर इटली से निमंत्रण आया। सम्राट् ने मार्कोनी को सीनेटर का पद देकर सम्मानित किया था। उन दिनों ऑस्ट्रिया और जर्मनी का रूस, बेल्जियम और फ्रांस के साथ युद्ध चल रहा था। युद्ध की स्थिति के बावजूद मार्कोनी और उनकी कंपनी पर इसका कोई प्रभाव नहीं पड़ा था, लेकिन कुछ अरसे बाद अप्रैल, 1915 में जब इटली ने मित्र राष्ट्रों की तरफ से युद्ध में शामिल होने की घोषणा कर दी तो देशभक्त मार्कोनी ने अपनी सेवाएँ सेना को देने की पेशकश की। 19 जून को उन्हें लेफ्टिनेंट का पद देकर सेना में शामिल कर लिया गया, जहाँ उन्हें रेडियो दूरसंचार का प्रमुख बनाया गया। मार्कोनी पूरी तल्लीनता से अपने काम में जुट गए। उनको शीघ्र ही अपनी सेवाओं के कारण कैप्टन के पद पर पदोन्नत किया गया। मार्कोनी ने युद्ध के समय अत्यंत महत्त्वपूर्ण बेतार की संचार प्रणाली का संचालन तो किया ही, नई आवश्यकता के अनुरूप कई उपकरण भी विकसित किए, लेकिन उन्हें लगा कि अभी भी युद्ध के

लिए यह प्रणाली बहुत कारगर नहीं है। अतः उन्होंने लांग वेव पर आधारित अपनी दूरसंचार प्रणाली को बरकरार रखते हुए, शॉर्ट वेव पर और प्रयोग करने आरंभ कर दिए।

उम्मीद तो यह थी कि कुछ ही महीनों में युद्ध समाप्त हो जाएगा, लेकिन एक साल से ऊपर हो गया और उसके खत्म होने के आसार कहीं भी नजर नहीं आ रहे थे। मार्कोनी बीच-बीच में मौका पाकर रोम आते रहते थे, ताकि परिवार की कुछ खबर ले सकें। वे अपनी पत्नी के बारे में विशेष रूप से चिंतित थे, जो अब फिर से गर्भवती थी। बिएट्रिस ने बेहतर चिकित्सा सुविधाओं के कारण एक बार फिर लंदन जाने का निर्णय लिया। वह लंदनवाले पुराने घर में आ गई और होनेवाली संतान का इंतजार करने लगी। कालांतर में उसने एक कन्या को जन्म दिया। इसके कुछ दिनों के बाद मार्कोनी ने इसरार किया कि परिवार इटली में ही आकर रहे।

युद्ध के कारण इटली की स्थिति दिन-ब-दिन खराब हो रही थी। चारों ओर भय का वातावरण था कीमतें बढ़ रही थीं और अव्यवस्था का वातावरण बन रहा था। तभी घटनाक्रम में उस वक्त एक नया मोड़ आया, जब 1917 के वसंत में अमेरिका ने भी युद्ध में शामिल होने की घोषणा कर दी। मित्र राष्ट्रों के लिए यह बहुत बड़ी राहत थी। युद्ध से जर्जर हुई आर्थिक स्थिति से बेहाल इटली ने इस अवसर का लाभ उठाकर अमेरिका से आर्थिक सहायता मँगाने का निर्णय लिया। इस काम के लिए जो उच्च स्तरीय शिष्टमंडल अमेरिका भेजा गया, सम्राट् के भतीजे प्रिंस ऑफ यूडीन उसका नेतृत्व कर रहे थे। मार्कोनी को उसके राष्ट्रपति सहित अमेरिका के सर्वोच्च स्तर के अनेक गण्यमान्यजनों से घनिष्ट संबंध होने के नाते इस प्रतिनिधिमंडल में शामिल किया गया। इस प्रतिनिधिमंडल का बहुत सारा श्रेय मार्कोनी को दिया गया, क्योंकि वहाँ जाने पर उनकी अमेरिका में लोकप्रियता विशेष रूप से काम आई थी।

29 अक्तूबर, 1918 को युद्ध समाप्त हो गया। हालाँकि इसमें मित्र राष्ट्रों की जीत हुई थी, लेकिन सारा यूरोप तबाह हो गया था। इटली को बहुत अधिक क्षति पहुँची थी। अतः तय किया गया कि इटली के पुनर्निर्माण हेतु ऋण लेने के लिए एक प्रतिनिधिमंडल इंग्लैंड भेजा जाए। इटली को अमेरिका भेजे गए अपने प्रतिनिधिमंडल में मार्कोनी को शामिल करने से बहुत लाभ हुआ था। मार्कोनी के ब्रिटिश सरकार में भी सर्वोच्च स्तर पर बहुत अच्छे संबंध थे। अतः इस प्रतिनिधिमंडल में भी मार्कोनी को शामिल किया गया। अपने देश के लाभ के लिए कुछ भी करने को तत्पर रहनेवाले मार्कोनी तुरंत तैयार हो गए, पर हर तरह का प्रयास करने और तर्क देने के बावजूद ब्रिटिश सरकार इटली की सहायता करने को राजी न हुई। इससे मार्कोनी को घोर निराशा हुई और उनका विश्वास राजनीतिज्ञों पर से उठ गया।

इसके बाद पेरिस में युद्ध के बाद की स्थिति पर विचार-विमर्श करने तथा यूरोप में जीते गए क्षेत्र के बँटवारे का फैसला करने के लिए एक शिखर सम्मेलन बुलाया गया। इसमें युद्ध में विजयी राष्ट्रों अमेरिका, ब्रिटेन, फ्रांस और इटली के प्रतिनिधि शामिल थे। इटली का प्रतिनिधित्व आरलैंडो कर रहे थे। उन्होंने उनके अच्छे संबंधों और बढ़िया अंग्रेजी बोलने की उनकी महारत के कारण मार्कोनी को भी साथ रखा। मार्कोनी के पेरिस आने पर उनका शिखर सम्मेलन के सदस्यों ने बड़ी गर्मजोशी से स्वागत किया, लेकिन हर मामले में ताकतवर की चलती है। इस शिखर सम्मेलन में इटली सबसे कमजोर राष्ट्र था, अतः उसकी माँगों को स्वीकार नहीं किया गया। हालाँकि इस विफलता की जिम्मेदारी मुख्यतः आरलैंडो की थी, पर मार्कोनी को इस परिणाम से बहुत निराशा हुई। उन्होंने आरलैंडो के नेतृत्व में ही सही, अपने देश का पक्ष बहुत सूझबूझ से रखा था, पर यहाँ मामला यह नहीं था कि आप अपनी बात कहने में कितने निपुण हैं, यहाँ मामला युद्ध के बाद यूरोप का नया

राजनीतिक मानचित्र बनाने का था, जिसमें अन्य शक्तिशाली देशों ने इटली के साथ न्याय नहीं किया था। इंग्लैंड के साथ 26 अप्रैल, 1915 को एक संधि पर हस्ताक्षर होने के बाद ही इटली मई में युद्ध में शामिल होने को तैयार हुआ था। इस संधि के मुताबिक युद्ध में विजयी होने के बाद इटली को यूरोप का कुछ क्षेत्र दिए जाने का वादा किया गया था, लेकिन अब पेरिस में हुए इस सम्मेलन में उस संधि का भी आदर नहीं किया गया। मार्कोनी इस असफलता से बहुत खिन्न हुए। उनका राजनीतिज्ञों पर से रहा-सहा विश्वास भी उठ गया। अब उन्होंने मन-ही-मन तय कर लिया कि भविष्य में अपना सारा ध्यान अपने वैज्ञानिक अनुसंधानों में ही लगाएँगे।

मार्कोनी के पास वैज्ञानिक अनुसंधानों के प्रति अपने जुनून के अलावा उनमें व्यस्त रहने का एक और कारण भी था। परिवार के आए दिन के झगड़ों और अशांति से बचने के लिए उनके पास अपनी प्रयोगशाला एक ऐसी जगह थी, जहाँ जाकर उन्हें बहुत सुकून मिलता था। अब तक मार्कोनी समुद्र में अपने प्रयोगों के लिए या तो किसी जहाज पर यात्रा करते थे या फिर कोई समुद्री जहाज उन्हें इस काम के लिए किसी देश की नौसेना या जहाजरानी से माँगना पड़ता था। इसका हल मार्कोनी ने एक खूबसूरत याट खरीदकर निकाला। इस पर वे किसी भी समुद्र में लंबी यात्रा कर सकते थे। इस याट में उन्होंने अपने लिए एक विशेष केबिन और सब तरह के उपकरणों से लैस प्रयोगशाला बनवाई।

लेकिन पारिवारिक कलह से दूर रहने के लिए केवल वैज्ञानिक प्रयोग ही काफी नहीं होते, इसके लिए कोई भावनात्मक आश्रय भी आवश्यक होता है। इसकी पूर्ति मार्कोनी सुंदरियों के साथ समय-समय पर प्रेम की पींगें बढ़ाकर करते थे। उनका यह मनोरंजन पत्नी बिएट्रिस को फूटी आँख न सुहाता था। इसके कारण कई बार झगड़े उग्र रूप ले लेते। कई तीव्र झगड़ों के बाद बिएट्रिस अपने बच्चों के साथ घर-

गृहस्थी के कामों में व्यस्त होकर सबकुछ भुलाने का प्रयास करती और मार्कोनी अपना रोमांस छोड़कर वैज्ञानिक प्रयोगों में जुट जाते। बीच-बीच में शांति की अवधियाँ भी आतीं, जब मार्कोनी अपने परिवार के साथ आकर रहते। उन्हें अपने बच्चों से बहुत प्यार था जिनके लिए वे बहुत सुंदर उपहार लाते और जब तक अपने घर पर रहते उन पर अपना सारा प्यार छिड़कते। बच्चे पापा को घर आया पाकर बहुत खुश होते, पर यह सब अधिक दिनों तक नहीं चलता था। या तो मार्कोनी को अपने किसी जरूरी काम की वजह से घर से दूर जाना पड़ता था या वे बिएट्रिस की हरकतों से चिढ़कर घर से निकल पड़ते। खटर-पटर होती रहती, लेकिन दोनों एक-दूसरे की हरकतों के बहुत हद तक आदी हो गए थे। बिएट्रिस की उच्च सोसाइटी में शिरकतों और सबसे घुलने-मिलने की आदतों से खिन्न मार्कोनी उसे झिड़कते तो वह डटकर उनका सामना करती। उसका सामंती खून यह सहन नहीं करता था कि कोई उसे मनमानी करने से रोके, भले ही वह उसका पति ही क्यों न हो। मार्कोनी का भी कुछ ऐसा ही हाल था। वे सुंदरियों से लिपटने की अपनी आदत छोड़ने को तैयार न थे, भले ही इससे उनकी गृहस्थी उजड़ने का खतरा हो।

धन-दौलत की अब कमी न थी। मार्कोनी ने इटली में एक शानदार घर खरीदा। कुछ दिनों तक बिएट्रिस उसे सजाने-सँवारने के काम में व्यस्त रही। इधर मार्कोनी वैज्ञानिक प्रयोगों से बचनेवाला अपना सारा समय एक महिला मित्र के साथ गुजारने लगे थे। पहले तो बिएट्रिस को लगा कि यह भी पहले की तरह का हलका-फुलका रोमांस होगा, जो कुछ समय के बाद क्षीण होकर समाप्त हो जाएगा, लेकिन जब उसे लगा कि मामला ज्यादा गंभीर है तो उसने पति से जमकर लोहा लेने की ठान ली। मार्कोनी अपना अधिकांश समय याट पर ही गुजारते थे। यह उनके लिए आरामदायक घर के समान ही था। उन्हें लगा कि बीवी-

बच्चों का गुजारा किसी और घर में भी हो सकता था, उन्होंने इतना महँगा घर खरीदकर समझदारी का काम नहीं किया। उनकी नई प्रेमिका ने भी मार्कोनी को समझाया कि इटलीवाले शानदार घर को बेच डालें। उसकी अच्छी कीमत मिल रही थी और इस लाभ के अलावा घर के रख-रखाव के भारी खर्च से भी वे बच जाएँगे। पहले से ही कुछ ऐसा विचार बना चुके मार्कोनी को यह बात जँच गई, लेकिन जब उन्होंने पत्नी बिएट्रिस को घर बेचने की बात बताई तो वह घायल शेरनी की तरह बिफर उठी। किसी तरह बात सँभालने और तत्काल विस्फोट से बचने के लिए मार्कोनी ने प्रस्ताव रखा कि क्यों न याट पर सपरिवार लंबी यात्रा का आनंद लिया जाए। बिएट्रिस सारा गुस्सा थूककर झट इसके लिए राजी हो गई। इसके बाद से याट को सजाने-सँवारने का काम शुरू हो गया। यात्रा पर किन मेहमानों को साथ चलने के लिए आमंत्रित किया जाएगा, इसकी सूची भी तैयार की गई और उनको निमंत्रण भेजे गए। सब तरह की तैयारियाँ चल रही थीं, याट पर कुछ दिनों का काम बाकी था, तभी एक दु:खद घटना घटी। 3 जून, 1920 को मार्कोनी की माता एनी का अचानक निधन हो गया। वह उन दिनों अपने बड़े बेटे अल्फोंसो के साथ लंदन के एक छोटे से घर में रहती थीं। मार्कोनी अपने काम की व्यस्तता और याट पर होनेवाले काम के कारण अपनी माता के होनेवाले अंतिम-संस्कार में भी शामिल नहीं हो सके। सारा प्रबंध हो जाने के बाद वे यात्रा के कार्यक्रम को रद्द नहीं करना चाहते थे।

याट का काम पूरा हो जाने और मातृ-शोक से उबरने के बाद मार्कोनी ने यात्रा की तैयारियाँ शुरू कर दीं। बिएट्रिस खुश थी। एक तो वह आमोद-प्रमोद की जन्मजात शौकीन थी। शायद उसके लिए जीवन का अर्थ ही मौजमस्ती था। दूसरा, खुशी का कारण यह था कि लंबी यात्रा पर जाने का अर्थ था मार्कोनी को लंबे समय तक उनकी नई

प्रेमिका से दूर रखना। शायद इतने अंतराल में उनके दिमाग से उसके इश्क का भूत उतर ही जाए। तीसरा, वह इतने लंबे समय तक अपने पति और बच्चों के साथ रहेगी। इस दौरान फिर से मार्कोनी को पूरी तरह अपने और अपनी गृहस्थी की तरफ आकर्षित करने का प्रयास करेगी। उसे तो लगता था कि अब दोनों हाथों में लड्डू आ गए हैं, पर कई बार ऐसा होता है कि हम सोचते कुछ हैं और होता कुछ और है, जिसकी सामान्यत: कल्पना नहीं की होती है या जिस तरफ ध्यान नहीं दिया होता कि ऐसी संभावना भी हो सकती है। याट के रवाना होने का समय निकट आ रहा था। एक-एककर मेहमान आ रहे थे और बिएट्रिस बड़े उत्साह से उनका स्वागत कर रही थी, तभी उसने जो देखा, उसके पाँव तले से जमीन खिसक गई। जहाज के यात्रा शुरू करने के बाद बिएट्रिस ने देखा कि मेहमानों में मार्कोनी की प्रेमिका भी मौजूद थी। वह कब आई, कैसे आई, उसे पता नहीं चल सका। अब तक मार्कोनी जो चोरी-छिपे करते थे, अब खुले आम करना चाहते थे। संदेश स्पष्ट था—चाहो तो मुझे इस तरह की जिंदगी जीने दो या फिर अलग हो जाओ। बिएट्रिस के मन में मार्कोनी के लिए कड़वाहट चरम सीमा पर पहुँच गई, पर वह फिलहाल खून का घूँट पीकर रह गई। यात्रा से लौटकर मार्कोनी ने इटलीवाला शानदार घर बेच डाला। बिएट्रिस ने कोई विरोध नहीं किया और चुपचाप अपने बच्चों के साथ एक होटल में जाकर डेरा जमाया। मार्कोनी अपने काम में जुट गए।

मार्कोनी के पास अपने याट पर पूरी प्रयोगशाला थी जिसे उन्होंने हर तरह के आवश्यक उपकरणों से लैस कर रखा था। इसके अलावा वहाँ हर तरह की सुविधा और शांति भी थी। मार्कोनी खुद तो प्रयोग करते ही थे, अपनी टीम के इंजीनियरों और वैज्ञानिकों को भी सदा नित नए प्रयोग करके अब तक आविष्कृत उपकरणों का विकास करने के लिए प्रेरित करते रहते थे। वे उनसे निरंतर संपर्क भी बनाए रखते थे।

उनके अनुसंधान की प्रगति का जायजा लेते रहते थे और अपने प्रयोगों की उन्हें जानकारी देते रहते थे। इस क्रम में उन्होंने इंग्लैंड के कई चक्कर लगाए। उनकी टीम के सहयोगियों ने उन्हें बताया कि इस दौरान उन्होंने शॉर्ट वेव को लेकर कई प्रयोग किए थे जिसके बड़े उत्साहजनक परिणाम सामने आए थे। लंबी दूरियों तक संदेश संचारित करने के लिए मार्कोनी अब तक लॉन्ग वेव का ही प्रयोग करते थे। शॉर्ट वेव का प्रयोग उन्होंने युद्धकाल के दौरान छोटी दूरियों पर अपने संदेश भेजने के लिए किया था। इंग्लैंड के अपने साथियों के शॉर्ट वेव प्रयोग को देखकर उन्हें संदेश प्रणाली में और सुधार करने की दिशा नजर आई। मार्कोनी ने सोचा कि क्यों न शॉर्ट वेव के माध्यम से संदेश भेजने की दूरी बढ़ाने के लिए प्रयोग किए जाएँ। इसकी शुरुआत उन्होंने अपने इंग्लैंड के स्टेशन में पहले के उपकरण हटाकर उनके स्थान पर नए विकसित उपकरण लगाने का क्रम शुरू करके किया, जिसके बड़े उपयोगी परिणाम सामने आए।

इधर शॉर्ट वेव से अधिक-से-अधिक दूरी तक संकेत भेजने के मार्कोनी और उनकी टीम के प्रयोग जारी थे। इधर मार्कोनी की अपनी पत्नी के साथ दूरियाँ भी बढ़ रही थीं। पति-पत्नी दोनों ने अलग होने का मन बना लिया था, इसलिए जब बिएट्रिस ने मार्कोनी के सामने तलाक का प्रस्ताव रखा तो वे बिना किसी हीलहुज्जत के राजी हो गए। मार्कोनी ने तलाक की अर्जी देने के लिए ऐसे स्थान को चुना, जहाँ उनकी प्रार्थना स्वीकार करने में कम-से-कम समय लगे। तलाक की कारवाई आशानुरूप अल्पकालिक सिद्ध हुई और मानसिक तौर पर बहुत पहले ही अलग हो चुके मार्कोनी और बिएट्रिस कानूनी तौर पर भी अलग हो गए। यह तय पाया गया कि अच्छी परवरिश, शिक्षा और भविष्य की खातिर बच्चे माँ के पास ही रहेंगे। वजह यह थी कि अपनी लंबी यात्रओं और व्यावसायिक व तकनीकी व्यस्तताओं के कारण मार्कोनी उनका न तो पूरा ध्यान रख

सकते थे और न ही उन्हें पूरे विकास के लिए आवश्यक माहौल दे सकते थे। सारा मामला बहुत सौहार्दपूर्ण वातावरण में निबटा। मार्कोनी ने उसमें बहुत उदारता दिखाई। उन्होंने परिवार का खर्च चलाने, बच्चों की हर जरूरत पूरी करने के लिए समुचित परवरिश देने का लिखित करार दिया। इसके साथ ही यह भी वचन दिया कि सदा बिएट्रिस और बच्चों के साथ संपर्क बनाए रखेंगे।

मार्कोनी के शॉर्ट वेव के प्रयोग बहुत सफल रहे। ब्रिटिश सरकार इस नई पद्धति से इतनी प्रभावित हुई कि उसने साम्राज्य के विभिन्न भागों में बहुत से शॉर्ट वेव वाले रेडियो दूरसंचार स्टेशन बनाने की अनुमति दे दी। 30 मई, 1924 ऐतिहासिक दिन था, जब पोलधू और सिडनी के बीच इनसान की आवाज का नियमित प्रसारण आरंभ हो गया। इंग्लैंड से ऑस्ट्रेलिया तक मानव वाणी के इस सफल प्रसारण से प्रभावित ब्रिटिश सरकार ने मार्कोनी की कंपनी को हिदायत दी कि वह इस काम को जितनी जल्दी हो सके, पूरा करे। इस सफलता का एक आश्चर्यजनक पहलू यह भी था कि केवल 12 किलोवाट की ऊर्जा से 4130 किलोमीटर तक की दूरी तक प्रसारण किया जा सकता था।

वे अपने याट पर विभिन्न समुद्रों में जाकर प्रयोग कर रहे थे। ऐसे ही एक प्रयोग के दौरान उन्होंने पाया कि पोलधू से आनेवाले संकेत उनको रात की ही तरह दिन में भी बिना किसी बाधा के मिल रहे हैं। अन्य विशेषज्ञों की बात छोड़ दें, तो खुद मार्कोनी को विश्वास था कि सूर्य की किरणें उनकी तरंगों के प्रसारण में बाधक होती हैं, लेकिन दिन में होनेवाले इस स्पष्ट संचार ने उनकी इस मान्यता को गलत सिद्ध कर दिया। ऐसा कैसे संभव हुआ था, किस सिद्धांत के तहत हुआ था, क्या उससे मार्कोनी का कोई नया सिद्धांत प्रतिपादित होगा, इसकी चिंता छोड़ वे अपने प्रयोग को और विस्तार देने में जुट गए। अब उनके लिए प्रयोग करना और भी सरल हो गया था। अपने याट पर उनकी सुसज्जित

प्रयोगशाला तो थी ही, उनकी अपनी कंपनी के स्थापित किए हुए अनेक दूरसंचार स्टेशन थे, जहाँ से वे बिना किसी बाधा के संकेतों का आदान-प्रदान कर सकते थे। मार्कोनी की इस नई सफलता ने उनकी दूरसंचार प्रणाली को और महत्त्वपूर्ण बना दिया था। इस बार उन्हें इटली में रेडियो दूरसंचार का संजाल बनाने की अनुमति देकर वहाँ की सरकार ने इसकी उपयोगिता को मान्यता दी।

अपनी सारी वैज्ञानिक और व्यावहारिक व्यस्तताओं और पत्नी से तलाक हो जाने के बावजूद मार्कोनी न केवल उनके प्रति अपनी जिम्मेदारी का ध्यान रखते थे, बल्कि बच्चों के प्रति गहरा प्यार और पूर्व पत्नी के लिए भी उन्होंने सदा अपनापन प्रदर्शित किया। यह विचित्र स्थिति थी कि विवाहित जीवन के दौरान पति-पत्नी में आए दिन झगड़े होते रहते थे, लेकिन अब संबंध-विच्छेद के बाद उनकी कड़वाहट मिठास में बदल गई थी। उनमें नियमित पत्र-व्यवहार होता था और बच्चे हमेशा अपनी छुट्टियाँ पिता के याट पर बिताकर बहुत खुश होते थे।

□

10

दूसरा विवाह

अगर नित नए प्रयोग करना मार्कोनी का जुनून था तो नित नई सुंदरियों से रोमांस करना उनका खास शौक बन गया था। बिएट्रिस जैसी अनिंद्य सुंदरी पर मोहित होकर ही उन्होंने उससे विवाह किया था। उसके बाद दो समस्याएँ खड़ी हुईं। एक तो सोसाइटी में शिरकत करने की आदी और खुले स्वभाव की बिएट्रिस जिस पार्टी में जाती, वहाँ कोई-न-कोई पुरुष उसका रूप-सौंदर्य देखकर उस पर लट्टू हो जाता। मार्कोनी किसी को उसके सौंदर्य की प्रशंसा करते या किसी बहाने उसके पास आने की चेष्टा करते देखते तो ईर्ष्या से जल-भुन जाते। उसके बाद यही ईर्ष्या पत्नी पर क्रोध के रूप में प्रकट होती।

बिएट्रिस पति के गुस्से से डरने के बजाय उसका डटकर सामना करती थी, जिससे दोनों में कड़वाहट बढ़ती जा रही थी। दूसरा मसला यह था कि इतनी सुंदर और हर मुश्किल में साथ देनेवाली पत्नी पाकर भी मार्कोनी बाहर मुँह मारने से बाज नहीं आते थे। इसकी खबर बिएट्रिस को लगती रहती थी और प्रतिक्रिया भी होनी स्वाभाविक थी, फिर भी उनकी बरसों तक इसलिए निभ गई, क्योंकि मार्कोनी समझते थे कि पारिवारिक कलह के लिए बहुत हद तक वे खुद ही जिम्मेदार हैं।

तलाक के बाद भी उन्होंने इस एहसास के चलते बिएट्रिस से संपर्क बनाए रखा और उसकी सभी जरूरतों पर ध्यान दिया।

वैसे तो तलाक के बाद मार्कोनी ने कई हलके-फुलके रोमांस किए, लेकिन अंततः एक ऐसी महिला से प्रेम कर बैठे, जो अत्यंत सुंदर होने के साथ-साथ अत्यंत संभ्रांत परिवार से थी। उसका नाम मारिया क्रिस्टीना था और वह काउंट फ्रांसेसो की बेटी थी। टुस्कैनी बंदरगाह पर ग्रीस में इटली के समृद्ध परिवार छुट्टियों का आनंद लेने आते थे। यह रिसॉर्ट इटली के संभ्रांत परिवारों में बहुत लोकप्रिय था। मार्कोनी का प्रयास रहता था कि वे अपने याट से हर गरमियों में वहाँ पहुँचकर कुछ दिन आमोद-प्रमोद में बिताएँ। इसके लिए उन्होंने यह सरल उपाय ढूँढ़ निकाला था कि एक शानदार पार्टी का आयोजन और उसमें रिसॉर्ट पर छुट्टियाँ मनाने आए सभ्रांत जनों और इटली के उच्च अधिकारियों को आमंत्रित करें। धीरे-धीरे मार्कोनी की ये पार्टियाँ इटली के उच्च घरानों में बहुत लोकप्रिय हो गईं। इतनी कि उनके निमंत्रण प्राप्त करने की होड़ लगी रहती थी। एक तो लोग महान् आविष्कारक मार्कोनी से मिलने और उनसे बात करने को लालायित रहते थे। दूसरा कारण यह था कि उनकी पार्टियाँ बहुत ही भव्य होती थीं, जो बाद में भी चर्चा का विषय बनी रहती थीं।

1925 के ग्रीष्म में भी ऐसा ही कुछ हुआ। मार्कोनी ने अपने याट पर एक पार्टी का आयोजन किया। क्रिस्टीना अपनी चाची के साथ रिसॉर्ट पर छुट्टियाँ मनाने आई हुई थी। उसकी चाची मार्कोनी से मिलने और उनकी शानदार पार्टी में शामिल होने को लालायित थी। उसने विशेष प्रयास करके अपने लिए और अपनी भतीजो के लिए निमंत्रण-पत्र हासिल किए और चाची-भतीजी दोनों याट पर पार्टी के लिए पहुँचीं। मार्कोनी ने क्रिस्टीना को देखा तो अपनी सुधबुध भूल गए। वह इतालवी सौंदर्य का अद्वितीय उदाहरण थी। इधर क्रिस्टीना भी मार्कोनी जैसे महान्

व्यक्ति से मिलकर उनके प्रति बहुत आकर्षित हुई। आरंभिक बातचीत और मेलमिलाप के बाद मार्कोनी उसे अपनी प्रयोगशाला और केबिन दिखाने के बहाने पार्टी के हंगामे से दूर एकांत में ले गए और पहली मुलाकात में ही दोनों में प्रेम हो गया। क्रिस्टीना किशोरी तो न थी, लेकिन मार्कोनी से आधी उम्र की थी, फिर भी वह उन पर अनुरक्त हो गई। उसके बाद तो मार्कोनी की हर पार्टी में और छोटे-बड़े आयोजनों में उसे सबसे पहले आमंत्रित किया जाता था। क्रिस्टीना की चाची से दोनों का प्रेम संबंध कैसे छिप सकता था! पर उसने भी एतराज नहीं किया।

एतराज किया तो मार्कोनी की पहली पत्नी बिएट्रिस ने, जिससे उन्हें यह उम्मीद कतई नहीं थी। बिएट्रिस ने दूसरा विवाह कर लिया था और मार्कोनी से भी उसे भरपूर गुजारा भत्ता मिलता था। बच्चों की जरूरतों का भी वे पूरा ध्यान रखते थे। बिएट्रिस से एक लिखित हलफनामा लेना जरूरी हो गया था। बात यह थी कि मार्कोनी का बिएट्रिस से कानूनी तलाक तो हो गया था, लेकिन क्रिस्टीना से उनके विवाह में एक धार्मिक बाधा आ गई थी। इटली के उच्च धर्माधिकारियों का कहना था कि जब तक उच्च धार्मिक स्तर पर उनके पहले विवाह को रद्द घोषित नहीं किया जाता, वे दूसरा विवाह नहीं कर सकते। किसी विवाह को तभी धार्मिक स्तर पर रद्द किया जा सकता था, जब पति-पत्नी दोनों लिखित हलफनामा दें कि विवाह के तुरंत बाद ही हमें एहसास हो गया था कि हम साथ नहीं रह सकते। हममें बहुत अधिक मतभेद हैं, आदि। मार्कोनी ने तो अपना हलफनामा दे दिया, पर बिएट्रिस ने हलफनामे पर हस्ताक्षर करने से इनकार कर दिया। मार्कोनी ने पत्र लिखकर उससे बहुत अनुरोध किया कि तुमने तो दूसरा जीवनसाथी चुन लिया है, पर मैं कितना अकेला हूँ। अब मुझे अपनी पसंद की महिला मिली है तो उससे शादी करने दो, पर वह नहीं मानी। हर चीज को पैसे की दृष्टि से

देखनेवाली बिएट्रिस को शायद यह आशंका सता रही थी कि इतने बड़े काउंट की बेटी से शादी करने के बाद मार्कोनी के खर्चे बहुत अधिक बढ़ जाएँगे, फिर शायद वे पहले जैसी उदारता के साथ उसे भत्ता न दे सकें। मार्कोनी की समझ में भी शायद यही आया और उन्होंने उसी हथियार से उसे परास्त किया। उन्होंने लिखा कि मेरी आर्थिक स्थिति आजकल बहुत खराब चल रही है, इसलिए फिलहाल मैं तुम्हारी फलाँ-फलाँ माँगें पूरी नहीं कर पाऊँगा। तीर निशाने पर बैठा। बिएट्रिस उनकी विवशता के आवरण में छिपी धमकी को पहचान गई और उसने हलफनामे पर हस्ताक्षर करके भेज दिया।

मार्कोनी का पहला विवाह उन दोनों के हलफनामे मिलने पर उच्च धार्मिक स्तर पर रद्द करार दे दिया गया। अब कोई बाधा न थी। 15 जून, 1927 को शाही धूमधाम से मार्कोनी का मारिया क्रिस्टीना से विवाह संपन्न हो गया।

इटली की राजनीतिक-सामाजिक-आर्थिक स्थिति वर्षों से डाँवाँडोल चल रही थी। देशभक्त मार्कोनी कानून व्यवस्था की बिगड़ती स्थिति, दिन-ब-दिन बढ़ती अराजकता और अपने देश के जनसाधारण की बदहाली से खिन्न रहते थे। उनका अधिकांश जीवन इंग्लैंड में बीता था, जहाँ उन्होंने ब्रिटिश साम्राज्य का वैभव बहुत करीब से देखा था। जब भी किसी समाज में ऐसी स्थितियाँ आती हैं, प्रतिक्रिया स्वरूप कोई नया आंदोलन जन्म लेता है। इटली में भी फासीवाद का उदय हुआ और उसके नेता मुसोलिनी ने एलान किया कि वे और उनकी पार्टी इस महान् देश में कानून-व्यवस्था की स्थिति बहाल कर देश की रक्षा करेगी। हालाँकि शुरू में मार्कोनी मुसोलिनी की विचारधारा से बहुत प्रभावित न थे, पर व्यक्तिगत कारणों से या यूँ कहें कि परिस्थितिवश इन दोनों को एक दूसरे के निकट आना पड़ा। मुसोलिनी को मार्कोनी की बहुत जरूरत थी। वे और उनकी बेतार संदेश प्रणाली उनके लिए बहुत उपयोगी थे।

इधर इटली में मुसोलिनी की हैसियत की वजह से मार्कोनी के लिए वे उपयोगी थे। दोनों एक-दूसरे के करीब आए और अच्छे दोस्त बन गए। राजनीति और राजनीतिज्ञों से मोहभंग हो जाने के बाद से मार्कोनी इनसे दूर रहना ही पसंद करते थे, पर कुछ हालात के चलते, कुछ मुसोलिनी की दोस्ती के बाद उनके विचारों से प्रभावित होकर वे आखिरकार उनके आंदोलन से जुड़ गए, इसके साथ-साथ उनके वैज्ञानिक प्रयोग निरंतर जारी थे।

1928 में मुसोलिनी की सरकार ने मार्कोनी की वैज्ञानिक उपलब्धियों और योग्यता के कारण उन्हें नेशनल काउंसिल फॉर रिसर्च का अध्यक्ष नियुक्त किया। 1930 में इटली की रॉयल अकादमी का अध्यक्ष बनाकर उन्हें सम्मानित किया गया। अपने देश में यह सम्मान पाकर और उसकी सेवा का अवसर पाकर मार्कोनी बहुत प्रसन्न हुए। उस दौरान उनके रेडियो दूरसंचार के प्रयोग निरंतर जारी थे। उन्होंने अपना ध्यान अब शॉर्ट वेव संचार पर केंद्रित किया हुआ था जिसमें बड़ी उत्साहजनक प्रगति हुई थी। 1922 और 1923 के बीच ही उन्होंने शॉर्ट वेव के माध्यम से चार हजार किलोमीटर तक की दूरी पर संकेत भेजने के सफल प्रयोग कर लिये थे। इन प्रयोगों ने सिद्ध कर दिया था कि सूर्य की किरणें शॉर्ट वेव से संदेश भेजने में बाधक नहीं होतीं। 1924 में उनकी कंपनी ने ब्रिटिश सरकार के लिए शॉर्ट वेव स्टेशनों का संजाल बना दिया था और इंग्लैंड से ऑस्ट्रेलिया के बीच इनसानी आवाज का प्रसारण संभव कर दिखाया था। लगभग उन्हीं दिनों मार्कोनी ने वेटिकन में एक रेडियो स्टेशन की भी स्थापना की, जहाँ से महामहिम पोप अपना संदेश समस्त विश्व में प्रसारित कर सकें।

अपने आविष्कार के लिए मार्कोनी को जो सम्मान और उपलब्धियाँ मिलीं उनमें से शायद सबसे अधिक प्रसन्नता उन्हें इटली के सम्राट् द्वारा 17 जून, 1929 को मार्क्यूइस के खिताब से नवाजे जाने से मिली। अब

तक प्राप्त सफलताओं, पदवियों, सम्मान, संसार भर के अति विशिष्टजनों से मेलमिलाप, बेशुमार दौलत और अब संभ्रांत घराने की महिला से विवाह—इतना सब किसी के भी स्वभाव में परिवर्तन करने के लिए पर्याप्त से भी अधिक है। मार्कोनी के स्वभाव में भी बहुत परिवर्तन आया। वे किसी अतिविशिष्ट व्यक्ति के समान रहते थे। उनके कपड़े, रहन-सहन, बातचीत का रंगढंग, सबकुछ बहुत बदल गया था। अब वे पहलेवाले सरल स्वभाव के वैज्ञानिक मार्कोनी न थे। उनकी विनम्रता के आवरण में छिपा अहं अब बात-बात में झलकने लगा था और अपने सम्मान में थोड़ी सी भी कमी उन्हें अखर जाती थी। कहा जाता है कि इन सबके और अत्यंत कुलीन जनोंवाले उनके पहनावे के पीछे उनकी नई पत्नी का प्रभुत्व काम कर रहा था। नई पत्नी का एक और प्रभाव यह था कि पहले जहाँ मार्कोनी का अधिक-से-अधिक समय अपने नित नए प्रयोगों और कंपनी के व्यावसायिक मामलों में बीतता था और वे अपनी पत्नी व बच्चों को कम समय दे पाते थे, वहीं अब उनका अधिक-से-अधिक समय अपनी पत्नी के साथ सैर-सपाटों में, उत्सवों में और अपने मान-सम्मान में आयोजित समारोहों में बीतता था। पत्नी मारिया क्रिस्टीना हर समारोह में उनके साथ रहती थी और उसे अपने पति की अंतरराष्ट्रीय ख्याति पर बहुत गर्व था।

मार्कोनी के दिन अच्छे बीत रहे थे। नई व अपने से आधी उम्र की युवा व सुंदर पत्नी के साहचर्य व प्रेम ने उनके जीवन में नई उमंग का संचार कर दिया था, लेकिन इन सबके बावजूद न तो वे अपनी पहली पत्नी के प्रति जिम्मेदारी को भूले और न ही बच्चों को। अब भी गरमी की छुट्टियों में वे पहले की तरह आते थे और कुलीन परिवार की उनकी सौतेली माँ उनसे बहुत प्रेम करती थी। शीघ्र ही वे क्रिस्टीना से हिलमिल गए। वे अब बड़े भी हो गए थे और समझने लगे थे कि उनके पिता ने दूसरा विवाह कर ठीक ही किया। इन अच्छे संबंधों का एक कारण यह

भी था कि उनकी अपनी माँ और पिता के बीच किसी तरह की कटुता या विवाद नहीं था। वे एक-दूसरे से अच्छे मित्रों की तरह व्यवहार करते थे और पत्र-व्यवहार द्वारा सदा संपर्क बनाए रखते थे। बच्चों के भविष्य के बारे में या ऐसे ही अन्य पारिवारिक मामलों में बिएट्रिस हमेशा मार्कोनी से सलाह माँगती थी। मार्कोनी भी अपने कई नितांत व्यक्तिगत मामलों का सारा विवरण बिएट्रिस को बताकर उससे सलाह लेते थे। मार्कोनी के ऐसे ही किसी निजी मामले में सलाह माँगने पर बिएट्रिस ने जब जवाब में लिखा कि इस तरह का नितांत व्यक्तिगत निर्णय लेने से पहले आप मुझसे क्यों सलाह ले रहे हैं, तो जवाब में मार्कोनी ने लिखा कि क्योंकि एक तुम्हीं हो जिसने बिना किसी लाग-लपेट के मुझे हमेशा खरी-खरी और सही सलाह दी है, भले ही वह मुझे कचोटनेवाली ही क्यों न हो। इसलिए मैं तुम्हारी कड़वी सलाहों की भी कद्र करता हूँ। मार्कोनी अपनी परिपक्व उम्र में आकर, जीवन के विभिन्न अनुभवों से गुजरकर और अपने विगत जीवन का विश्लेषण करके समझ गए थे कि अपनी वैज्ञानिक और व्यावसायिक समस्याओं व गतिविधियों में अत्यंत व्यस्त रहने के कारण पत्नी और परिवार के प्रति जिम्मेदारी नहीं निभा पाए थे। पहली पत्नी के व्यवहार और उसके साथ आए दिन के झगड़ों के लिए वे खुद जिम्मेदार थे, इसलिए उन्होंने सारी पुरानी कटुता भुलाकर बिएट्रिस व बच्चों के प्रति अपने कर्तव्य को बड़ी शालीनता और उदारता से निभाया।

पत्नी क्रिस्टीना के साथ लंबी छुट्टियाँ बिताने के लिए मार्कोनी अमेरिका के लिए रवाना हुए। वहाँ पहुँचकर मार्कोनी का जो भव्य स्वागत हुआ, उसे देखकर क्रिस्टीना रोमांचित हो गई। छुट्टियों का भरपूर आनंद लेने के बाद जब वे दोनों वापस यूरोप के लिए लौटे, जाड़े की शुरुआत हो चुकी थी। मार्कोनी को ठंडी समुद्री हवा का आनंद लेते हुए जहाज के डेक पर घूमना बहुत अच्छा लगता था। वे घंटों डेक पर

चहलकदमी करते हुए दूर तक फैले समुद्र का नजारा देखते रहते। ठंडी हवाएँ तो चलती ही थीं, बीच-बीच में बर्फानी हवा के तूफान भी आते रहते थे एक दिन अचानक इसका असर दिखाई दिया। उन्हें छाती में दर्द के साथ तेज बुखार हो गया। यही समझा गया कि यह ठंडी हवाओं में घूमने का नतीजा है, लेकिन यात्रा पूरी कर जब वे लंदन लौटे, काफी स्वस्थ महसूस कर रहे थे। तभी एक दिन फिर अचानक छाती में उसी तरह का दर्द उठा, जिसने उनको बेहाल कर दिया। उन्हें लंदन के एक नामी विशेषज्ञ को दिखाया गया। डॉक्टर ने पूरा मुआयना करके बताया कि यह ठंड लगने का मामला कभी नहीं था। यह एंजाइना का दर्द था जो उन्हें जहाज पर भी हुआ था और अब फिर हो रहा है। बीमारी गंभीर रूप धारण कर चुकी है और पूरे आराम व इलाज की जरूरत है।

मार्कोनी को तुरंत लंदन के एक विख्यात नर्सिंग होम में भरती किया गया। वहाँ पंद्रह दिन के इलाज के बाद डॉक्टरों ने घोषित कर दिया कि अब वे भले-चंगे हैं। वे वापस होटल आए, जहाँ यात्रा से लौटकर ठहरे हुए थे और धीरे-धीरे अपनी दिनचर्या आरंभ की, लेकिन कुछ ही दिनों बाद उन्हें एक बार फिर एंजाइना का जबरदस्त अटैक हुआ। काफी डॉक्टरी देखभाल और चिकित्सा के बाद जब उन्हें आराम हुआ तो पत्नी क्रिस्टीना उनको पूरे आराम और सावधानी के साथ इटली ले गई। उसने समझदारी यह की कि दोबारा अटैक होने का इंतजार नहीं किया। जाते ही इटली के दो शीर्ष विशेषज्ञ डॉक्टरों की देखरेख में उनका इलाज शुरू कर दिया। वह इलाज महीनों चला जिसके दौरान उनको कोई अटैक नहीं आया। जब डॉक्टरों को पूरी तसल्ली हो गई कि अब मार्कोनी स्वस्थ हैं, तो उन्होंने उन्हें स्वस्थ घोषित कर दिया। उन्होंने कहा कि अब वे अपना काम धीरे-धीरे सँभाल सकते हैं, लेकिन पहले की तरह अत्यंत व्यस्त जीवनशैली न अपनाएँ। बीमारी के प्रकोप से डरे हुए और शिथिल शरीर के मार्कोनी ने बहुत सुस्त रफ्तार से अपनी

दिनचर्या आरंभ की। यह एक सामान्य आदमी की दिनचर्या थी। इसमें व्यवयायी या वैज्ञानिक मार्कोनी की दिनचर्या दिखाई नहीं देती थी। इस दौरान उन्होंने न कोई प्रयोग किया और न ही कोई व्यावसायिक कदम उठाया। वह जो था, उसे चलने और निभाने में अवश्य कुछ समय लगाते थे। 1930 में जाकर कहीं उन्हें लगा कि अब काफी स्वस्थ हो चुके हैं, तब उन्होंने अपने प्रयोग जिस स्तर पर छोड़े थे, वहाँ से फिर से आरंभ किए।

मार्कोनी के बारे में कहा जाता है कि दूसरा विवाह होने के बाद वे बहुत सुधर गए थे। रोमांस करना तो दूर उन्होंने दूसरी सुंदरियों में थोड़ी-बहुत दिलचस्पी दिखाना भी बंद कर दिया था। उनके स्वभाव में एकाएक जो परिवर्तन आया था, उसके कई कारण थे। मार्कोनी की समझ में आ गया था कि उनका पहला विवाह टूटने में उनकी हरकतों का भी बहुत हाथ था। दूसरी बार फिर वही गलतियाँ करके वे अपना घर फिर से उजाड़ना नहीं चाहते थे। इसके अलावा अब उनकी पत्नी सदा साए की तरह उनके साथ रहती थी ऐसे में इधर-उधर झाँकने तक का न तो उनमें साहस था, और न ही अवकाश। तीसरा और बड़ा कारण उनकी बढ़ती उम्र थी। अब उस तरह का जीवन जीने की लालसा समाप्त हो चुकी थी और परिपक्व आयु के मार्कोनी के व्यवहार में ठहराव आ गया था। युवा पत्नी के साथ, जो ऊर्जा से भरपूर थी, उसकी रफ्तार के साथ चलना ही उनको थकाने के लिए काफी था। ऐसे में कुछ और सोचने-करने का अवकाश न था। पत्नी क्रिस्टीना बड़े गर्व से कहती थी कि उसके पति अत्यंत शालीन स्वभाव के हैं और उन्होंने कभी कोई ऐसी हरकत नहीं की जिसे अनुचित कहा जा सके।

1930 से 1932 तक का काल भी मार्कोनी के जीवन में सामान्य ही बीता। हालाँकि उन्होंने 1930 से ही प्रयोग फिर से आरंभ कर दिए थे, लेकिन पहले की तरह दिन-रात जुटकर जल्दी-से-जल्दी कोई परिणाम

हासिल करना उनके लिए अब संभव नहीं था। जिंदगी बहुत तेज रफ्तार से चल रही थी, पर वे अभी भी नियमित रूप से काम कर रहे थे। उनकी उपलब्धियों का व्यावहारिक उपयोग अब सबके सामने था और समय-समय पर इनके लिए उन्हें पदक और अलंकरणों से नवाजा जा रहा था। 15 जनवरी, 1932 को इटली के सम्राट् ने 'दी ऑर्डर ऑफ नाइट ऑफ दी ग्रैंड क्रास ऑफ सेंट मॉरिशस ऐंड सेंट लाजारुस' और 10 मार्च को फिएडेल्फिया के नगर ने उन्हें 'जॉन स्कॉट पुरस्कार' से सम्मानित किया। रोम स्थित अमेरिकी राजदूत ने मार्कोनी को यह पुरस्कार प्रदान किया। इससे कुछ ही दिन पहले 3 मार्च को उन्हें लंदन में लॉर्ड रदरफोर्ड ने केल्विन स्वर्ण पदक देकर सम्मानित किया था। उसी साल जून में उन्हें अमेरिका की राष्ट्रीय विज्ञान अकादमी का समुद्रपारीय सदस्य चुना गया। जून में ही मार्कोनी को नेशनल इटैलियन लाइफबोट सोसाइटी ने भी स्वर्ण पदक देकर सम्मानित किया। इस पर लिखा था—'मानव जीवन और जहाजों की रक्षा करनेवाले रेडियो के देवदूत को!'

पदक और अलंकरण, मान-सम्मान और ख्याति में वृद्धि करनेवाले एवं मार्कोनी की उपलब्धियों को और अधिक मान्यता प्रदान करनेवाले तो थे ही, लेकिन उन्हें सबसे अधिक प्रसन्नता उस समय हुई, जब उनकी दूसरी पत्नी क्रिस्टीना ने एक अत्यंत सुंदर कन्या को जन्म दिया। दंपति ने सोच-विचारकर उसका नाम मारिया इलेट्रा रखा। मार्कोनी ने एक संक्षिप्त सा पत्र लिखकर अपनी बड़ी पुत्री को इसकी खबर कर दी, ताकि समाचार सारे परिवार तक पहुँच जाए। मारिया के आने से मार्कोनी और क्रिस्टीना के जीवन में जहाँ खुशी आई, वहीं उनके पहले परिवार के लिए उसका जन्म उनकी खुशियों में कमी लानेवाला साबित हुआ। मार्कोनी अपने नए परिवार में कुछ ऐसे मस्त हुए कि उन्होंने अपने पहले बच्चों को लगभग भुला दिया। उसके बाद से उनसे संपर्क टूट सा गया। पहले हर साल इन बच्चों को छुट्टियाँ मनाने के लिए पिता के पास

आने का निमंत्रण भेजा जाता था, लेकिन इसके बाद से यह भी बंद हो गया। तलाक के समय हुए करार के मुताबिक मार्कोनी को जो मुआवजा अपनी पहली पत्नी को देना होता था, उस कानूनी जिम्मेदारी के सिवा बाकी बातों से मुँह मोड़ लिया। बच्चों को अब न तो कोई उपहार भेजे जाते थे, न पहले की तरह उदार जेबखर्च। बिएट्रिस ने इससे चिढ़कर मार्कोनी के खिलाफ कानूनी काररवाई करने का इरादा कर लिया था, लेकिन बच्चों ने, जो अब बड़े हो गए थे, माँ को समझा-बुझाकर चुप रहने को राजी कर लिया। उन्हें जेबखर्च कम हो जाने का दुःख नहीं था, लेकिन वे पिता की बेरुखी से जरूर उदास और दुःखी हुए थे।

इधर अपनी खुशियों का जश्न मनाने के लिए मार्कोनी ने 1933 में पत्नी क्रिस्टीना के साथ विश्व-भ्रमण का कार्यक्रम बनाया। उस साल ग्रीष्म में उनकी यात्रा आरंभ हुई और अगले साल की शुरुआत में वापस अपने घर इटली पहुँचे। इस दौरान उनके आमोद-प्रमोद के अतिरिक्त सबसे महत्त्वपूर्ण घटना थी शिकागो में हुआ विज्ञान और प्रौद्योगिकी सम्मेलन जिसमें मार्कोनी ने अपनी नई वैज्ञानिक उपलब्धियों के नमूने के तौर पर चमत्कृत करनेवाले करिश्मे दिखाए, जो दुनिया भर के वैज्ञानिकों के उस जमावड़े के लिए भी किसी जादूगरी से कम न थे। उदाहरण के लिए अपने दूरसंचार उपकरण की सहायता से उन्होंने अंतरिक्ष में अंग्रेजी के 'एस' अक्षर का संकेत भेजा जो पूरी पृथ्वी की परिक्रमा करके तीन मिनट और पच्चीस सेकेंड में वापस शिकागो लौटा। इस संकेत ने लौटते ही विशाल आतिशबाजी के स्वचालित प्रस्फोट को उत्प्रेरित कर दिया जिससे अत्यंत भव्य आतिशबाजी शुरू हो गई।

अमेरिका से विदा होकर मार्कोनी जापान आए। वहाँ से चीन, मंचूरिया और भारत होते हुए वे विश्व-भ्रमण पूरा करके इटली लौटे। यहाँ आकर वे एक बार फिर अपनी कथित राजनीतिक गतिविधियों में शामिल हो गए। मार्कोनी कोई राजनीतिज्ञ न थे और न ही उन्हें राजनीति

में कोई दिलचस्पी थी, लेकिन मुसोलिनी से दोस्ती निभाना और उसे प्रसन्न रखना उनके हित में था। इसी कारण वे समय-समय पर फासीवाद के पक्ष में भाषण और वक्तव्य देते रहते थे, जिनके राजनीतिक शैली और तर्कों को देखते हुए इतिहासकारों ने यह निष्कर्ष निकाला है कि ये भाषण और वक्तव्य मार्कोनी के लिए किसी उच्चस्तरीय फासी सिद्धांतवादी के लिखे होते थे जिन्हें मार्कोनी पढ़कर सुनाते या जारी करते थे। मुसोलिनी मार्कोनी की अंतरराष्ट्रीय ख्याति के द्वारा उच्च स्तरीय संबंधों का लाभ उठाना चाहते थे और इस बात को समझते हुए भी मार्कोनी को इसमें कोई एतराज वाली बात नजर नहीं आती थी। देशभक्त मार्कोनी शायद यह भी मानते थे कि मुसोलिनी का फासीवाद इटली के हित में है और इससे इटली की बहुत सी समस्याएँ धीरे-धीरे हल हो जाएँगी। मार्कोनी में एक अतिरिक्त गुण यह था कि अधिकांश समय इंग्लैंड में रहने के कारण उनकी अंग्रेजी बहुत अच्छी थी और अत्यंत कुलीन लोगों के साथ निरंतर संपर्क के कारण उनका संवाद-कौशल भी बहुत परिष्कृत हो गया था। यह विशेषता इटली के ऊँचे तबके के कई लोगों में भी नहीं थी। उस जमाने में एटीकेट को भी संभ्रांत जनों में बहुत महत्त्व दिया जाता था और इसे परंपरावादी अंग्रेज बहुत आवश्यक मानते थे। उनके समाज के एटीकेट इटली के एटीकेट से कुछ भिन्न थे। मार्कोनी की माँ आयरिश थीं जिन्होंने अपने बेटे को बचपन से ही ब्रिटिश एटीकेट सिखाए थे। उसके बाद इंग्लैंड में रहकर तो वे इसमें पारंगत हो ही गए थे। इन सब गुणों के चलते कई अवसरों पर मुसोलिनी ने मार्कोनी से अपने देश और उनकी सरकार का प्रतिनिधित्व करने का आग्रह किया। मुसोलिनी सरकार में उनके पास आधिकारिक पद तो थे ही। इसके अलावा वे देशहित के लिए कुछ भी करने को हमेशा तत्पर रहते थे। अगर मुसोलिनी का कोई आग्रह उनको उचित प्रतीत न होता तो बड़ी सफाई से उसे टाल जाते थे। मुसोलिनी मार्कोनी से बिगाड़ना नहीं चाहते

थे। अत: ऐसे मौकों पर उन्होंने कभी कोई बखेड़ा खड़ा नहीं किया और चुप रहने में ही बेहतरी समझी। 1935 में जब इतालवी सेनाओं ने इथियोपिया पर हमला किया तो अंतरराष्ट्रीय स्तर पर इसकी तीव्र प्रतिक्रिया हुई। 18 नवंबर को राष्ट्रसंघ ने इटली को दंड देने के लिए कई तरह की सख्तियों की घोषणा कर दी। मुसोलिनी ने मार्कोनी की अंतरराष्ट्रीय ख्याति का लाभ उठाते हुए इटली का पक्ष दुनिया के सामने रखने के लिए उनका उपयोग करना चाहा। योजना यह बनाई गई कि मार्कोनी इंग्लैंड जाकर बीबीसी से इटली की सैनिक काररवाई का औचित्य साबित करनेवाला प्रसारण करें। वे राजी हो गए और तुरंत लंदन के लिए रवाना हो गए। उन्हें विश्वास था कि बीबीसी से प्रसारण के लिए उन्हें ब्रिटिश सरकार से आसानी से अनुमति मिल जाएगी। राजनीति के कच्चे खिलाड़ी मार्कोनी इस बात को समझ न सके कि निजी संबंध या आविष्कारक के रूप में उनका आदर-मान और बात है और एक फासी सरकार के प्रतिनिधि के रूप में आकर उसका पक्ष बीबीसी जैसे मंच से रखने की अनुमति चाहना दूसरी बात है। समस्त राष्ट्रसंघ ने इटली की जिस काररवाई की कड़ी आलोचना करते हुए उसके विरुद्ध दंड की घोषणा की हो, उसे उचित ठहराने की बीबीसी से प्रसारण की अनुमति वह कैसे दे सकती थी। जब अनुमति नहीं मिली तो मार्कोनी ने इसे अपनी व्यक्तिगत असफलता माना और बहुत निराश हुए। इसके बाद उन्होंने इटली के रेडियो से वह वक्तव्य प्रसारित किया। इतना ही नहीं, मार्कोनी ने इन सारे अंतरराष्ट्रीय संकट के दौरान इटली का पक्ष अमेरिका सहित संसार के विभिन्न देशों के सामने रखते हुए अपने देश और मुसोलिनी की फासिस्ट सरकार के पक्ष में प्रचार करने का निरंतर प्रयास किया। युद्ध की घोषणा होते ही उन्होंने स्वयं को एक स्वयंसेवक के रूप में किसी भी हैसियत से इटली की सेवा के लिए समर्पित करने की घोषणा कर दी थी। यह उनकी देशभक्ति और मुसोलिनी सरकार के

हितैषी होने का प्रत्यक्ष प्रमाण था। मार्कोनी हालाँकि अपनी बीमारी से उबर चुके थे, पर बीमारी के कारकों और बढ़ती उम्र के कारण उनका स्वास्थ्य प्राय: खराब रहने लगा था। ऐसी हालत में भी उन्होंने संकटकाल में जिस तरह से परिश्रम करके सरकार का साथ दिया, उससे मुसोलिनी बहुत प्रभावित हुए।

□

11

मारक तरंगें

विलक्षण प्रयोग करके हैरतअंगेज आविष्कार करने के लिए तो मार्कोनी प्रसिद्ध थे ही। न जाने कैसे यह अफवाह फैल गई कि मार्कोनी ने ऐसी तरंगों का आविष्कार कर लिया है जो मोटरकारों, जलयानों या विमानों को रोक सकती थीं। मार्कोनी ने मुसोलिनी को यह प्रयोग करके दिखाया था और इससे इटली के पास एक अमोघ अस्त्र आ गया था। पहले तो आधिकारिक तौर पर ऐसी कोई तरंग होने से इनकार किया गया। इसे मनगढ़ंत बताकर सारी अफवाह का खंडन करने के बाद शायद यह सोचा गया कि इस तरह की झूठी अफवाह तो इटली के हित में ही है। अत: अन्य देशों की जासूस एजेंसियों को ऐसी 'गुप्त खबरें' पहुँचाई गईं कि वास्तव में ऐसी तरंगों का आविष्कार हुआ है। इसके साथ ही एक और विचित्र घटना घटी। इंग्लैंड में तथा कई अन्य कथित वैज्ञानिकों ने दावा किया कि उन्होंने भी मार्कोनी के सदृश ऐसी तरंगों का विकास कर लिया है। मार्कोनी अपने किसी ऐसे आविष्कार या अन्य तथाकथित वैज्ञानिकों के दावे को न तो गलत बता सकते थे और न ही सही। उन्होंने चुप रहने में ही भलाई समझी। जब बात ज्यादा बढ़ गई तो इंग्लैंड की सरकार ने इस अफवाह को खत्म करने का एक

सरल उपाय किया। इस बात की घोषणा की गई कि जो कोई कुछ दूरी पर खड़ी एक भेड़ को ऐसी तरंग से मारकर अपने आविष्कार की पुष्टि करेगा, उस वैज्ञानिक को पुरस्कृत किया जाएगा। पुरस्कार की राशि भी काफी बड़ी रखी गई थी, लेकिन न तो किसी ने भेड़ को अपनी तरंग से मारने का प्रदर्शन किया और न ही पुरस्कार जीता। इस तरह इस अफवाह का अंत हो गया।

दरअसल मार्कोनी अपने विश्व-भ्रमण से लौटने के बाद 1934 में फिर से प्रयोगों में लग गए थे। 1932 से ही वे लघु तरंगों पर लगातार प्रयोग कर रहे थे और अपने परिणामों से बहुत उत्साहित थे। उन्हें जो परिणाम हासिल हुए, आज की रेडियो प्रणाली उसी पर आधारित है। रेडियो के जनक मार्कोनी लघु तरंगों के संकेत अधिक-से-अधिक दूरी तक भेजने के लिए प्रयोग कर रहे थे। इसके साथ ही वे यह प्रयोग भी कर रहे थे कि बीच में पहाड़, बड़ी-बड़ी इमारतें या अन्य किसी भी तरह की बाधाओं के बावजूद लघु तरंगों के संकेत कैसे अपने गंतव्य तक पहुँचाए जा सकते हैं। 1932 से जारी उनके इस प्रयोग के 1934-35 में ठोस परिणाम सामने आए और तब मार्कोनी ने सार्वजनिक रूप से घोषणा की कि लघु तरंगें किसी भी बाधा को पार कर सकती हैं। 1932 में ही उन्होंने वेटिकन से पोप के ग्रीष्म आवास कैसलगेंडेल्फो के बीच लघु तरंगों से संकेत भेजने के लिए दूरसंचार स्टेशन स्थापित करके लघु तरंगों के बाधाओं के पार पहुँचने का व्यावहारिक प्रमाण दे दिया था। हालाँकि इन दोनों स्टेशनों के बीच की दूरी बहुत अधिक न थी, पर कई विशाल इमारतें थीं जिनकी बाधा को पार करना पर्वतों की बाधा को पार करने के समान ही था। अब तक की मान्यता यही थी कि अगर बीच में कोई व्यवधान न हो तो शॉर्ट वेव से संकेत एक स्थान से दूसरे स्थान तक भेजे जा सकते हैं, अन्यथा नहीं। मार्कोनी द्वारा स्थापित, शॉर्ट वेव आधारित इस संचार प्रणाली ने उस वैज्ञानिक मान्यता को गलत साबित

कर दिया। इसके पीछे भौतिकी का कौन सा सिद्धांत काम करता है या किसी पहले से प्रतिपादित सिद्धांत में किस तरह के संशोधन की आवश्यकता है, इसकी छानबीन का काम उन्होंने सिद्धांतवादी वैज्ञानिकों की माथापच्ची के लिए छोड़ दिया। यह उनका बहुत बड़ा योगदान था कि उन्होंने प्रतिपादित सिद्धांतों की प्रायः अवहेलना करते हुए अपने प्रयोग आजीवन जारी रखे और भौतिकी की कई पुरानी मान्यताओं को विद्युत् चुंबकीय तरंगों के अपने नए प्रयोग दिखाकर प्रत्यक्ष प्रमाणों के आधार पर गलत साबित कर दिया।

मार्कोनी का एक और आविष्कार नौसंचालन को बहुत बड़ी देन माना जाता है। इसे रेडियो नौसंचालन कहते हैं। उनकी ईजाद की हुई प्रणाली के तहत अल्ट्रासोनिक तरंगों को किसी जलयान से छोड़ा जाता है। ये तरंगें अगर जहाज से नीचे की तरफ छोड़ी जाएँ, तो तल तक जाकर उससे टकराने के बाद लौटती हैं और इनकी लंबाई को मापकर जाना जा सकता है कि जहाज के नीचे पानी की गहराई क्या है। इसी तरह जाना जा सकता है कि जहाज के आसपास अगर कोई चीज है तो वह किस दिशा में और कितनी दूरी पर है। आनेवाले समय में इसी पद्धति को और विकसित और परिष्कृत करके जलयानों एवं विमानों के संचालन के लिए इस्तेमाल किया गया जिसने नौसंचालन को न केवल एक नई, आधुनिक दिशा दी, बल्कि उसे पहले की अपेक्षा कहीं अधिक सुरक्षित भी बनाया। यह मार्कोनी की मानवता को दूसरी महत्त्वपूर्ण भेंट थी। उनकी बेतार की दूरसंचार प्रणाली के कारण संकट में पड़े कई जलयानों को समय रहते सहायता मिली थी जिससे जलयान का भारी नुकसान बचा था। नौसंचालन की इस प्रणाली के आविष्कार ने जहाजरानी को सुरक्षित बनाया जिससे अनेक दुर्घटनाओं को टाला जा सका। जो कुछ मानव-चक्षुओं से दूरबीन की सहायता से भी देखना संभव नहीं होता था, इस प्रणाली की सहायता से सहज ही उसका पता लगाया जा

सकता था। एक और विशेष बात यह थी कि यह गहन अंधकार में भी काम करती थी।

शॉर्ट वेव के अपने प्रयोगों के दौरान मार्कोनी ने एक और खोज की, जो मानवता को उनकी एक और बड़ी देन है। उन्होंने पता लगाया कि शॉर्ट वेव मानव शरीर में सरलता से प्रवेश कर जाती है। घनीभूत माइक्रोवेव में काफी ऊर्जा होती है जिन्हें मानव शरीर में किसी विशिष्ट स्थान पर प्रविष्ट करके उनकी ऊष्मा से किसी विकार का उपचार किया जा सकता है। मार्कोनी के इस आविष्कार को चिकित्सा वैज्ञानिकों ने आजमाया तो कई विकारों के उपचार के लिए वह बहुत उपयोगी सिद्ध हुआ। चिकित्सा में आज भी इस इलाज पद्धति का उपयोग किया जाता है और यह मार्कोनी–उपचार के नाम से प्रसिद्ध है।

सितंबर 1934 में विएना में हुए चिकित्सकों के एक सम्मेलन में मार्कोनी ने शॉर्ट वेव से उपचार की इस संभावना की व्याख्या की थी। उस समय उनका स्वास्थ्य काफी खराब चल रहा था, फिर भी वे सम्मेलन को संबोधित करने के लिए गए, क्योंकि वे चिकित्सा जगत् का ध्यान शॉर्ट वेव के इस उपचारक पहलू की तरफ आकर्षित करना चाहते थे। सम्मेलन को संबोधित करने के बाद मार्कोनी जब मंच से उतरे तो उनकी छाती में तेज दर्द हुआ। वे समझ गए कि एंजाइना का एक और जबरदस्त अटैक उन्हें हुआ है। उन्हें तुरंत चिकित्सा सुविधा पहुँचाई गई और रोम से उनका उपचार कर रहे हृदय रोग विशेषज्ञ डॉक्टर सीजर फ्रूगोनी को बुलाया गया। कुछ दिन उनका वहीं रखकर उपचार किया गया और जब उनकी हालत में काफी सुधार हो गया और यात्रा के लायक हो गए तो उन्हें पूर्ण विश्राम और विधिवत् उपचार के लिए इटली लाया गया। करीब दो महीनों के मुकम्मल इलाज के बाद उनके स्वास्थ्य में सुधार हुआ। अब सबकुछ सामान्य सा लग रहा था। उनके चिकित्सक ने राय दी कि अब पहले वाली गतिविधियाँ त्याग दें और

विश्राम किया करें। खानपान में भी पूरा परहेज रखें।

जिसने इतना व्यस्त जीवन जिया हो और जिसके अंदर कुछ और नया खोजने की तीव्र लालसा हो, वह चैन से कैसे बैठ सकता है। इसके अलावा उन्हें कहीं-न-कहीं से निमंत्रण आते रहते थे, जहाँ जाने की उनके मन में तीव्र इच्छा होती थी। उनसे रहा नहीं गया और डॉक्टर के आदेश की अवहेलना करते हुए पहले जैसा व्यस्त जीवन जीना आरंभ कर दिया। नवंबर 1934 में वे लंदन गए। कुछ दिन बाद उन्होंने स्कॉटलैंड की यात्रा की और वहाँ से हाइबरी आए। यहाँ मौसम खराब होने और यात्रा की थकावट की वजह से एक बार फिर उनकी तबीयत खराब हो गई। उन्हें लंदन लाकर नर्सिंग होम में भरती किया गया। यहाँ डॉक्टरों ने बताया कि यह भी एंजाइना का अटैक था, पर वे जल्दी स्वस्थ हो जाएँगे। अगले साल उन्हें इथियोपिया के मामले में इटली का पक्ष अंतरराष्ट्रीय बिरादरी के सामने रखना था। अपने खराब स्वास्थ्य की परवाह न करते हुए मार्कोनी ने देशहित के लिए ब्राजील, लंदन और पेरिस की यात्राएँ कीं। ये दौरे उनके लिए मानसिक रूप से क्षुब्ध करनेवाले और शारीरिक रूप से थकानेवाले साबित हुए जिनका उनके स्वास्थ्य पर खराब असर पड़ा। 16 दिसंबर, 1935 को जब वे रेलगाड़ी से पेरिस से इटली की तरफ रवाना हुए, तो थकावट से पस्त हो चुके थे। उनका चेहरा पीला पड़ चुका था और कमजोरी की वजह से सामान्य रूप से चलना-फिरना भी दुश्वार था। वे भोजन के लिए कुरसी पर आकर बैठे थे कि सहसा अचेत हो गए। उन्हें वापस ले जाकर लिटाया गया। एक सहयात्री तुरंत उनकी सहायता को आए। वे डरबस्टर थे। क्रिस्टीना सदा पति के साथ रहती थी और अपने साथ उनकी सभी दवाएँ लेकर चलती थीं। डॉक्टर ने इनमें से कुछ दवाएँ देकर और प्राथमिक उपचार करके मार्कोनी को कुछ स्थिर किया। उन्हें आराम से सुला दिया गया और मरीज की देखभाल के लिए डॉक्टर निरंतर उनके सिरहाने बैठे रहे।

घर लौटने के बाद एक बार फिर बिश्राम और इलाज का सिलसिला शुरू हुआ, तभी मार्कोनी को एक और जबरदस्त झटका लगा। 25 अप्रैल, 1936 को उनके भाई अल्फोंसो का अचानक निधन हो गया। एक तो भाई को खो देने का दुःख, ऊपर से यह सोचकर तनाव कि इस परिवार में एंजाइना के अटैक से दूसरी मृत्यु हुई है और खुद मार्कोनी को भी वही रोग है। उनकी माता और अल्फोंसो, दोनों की मृत्यु एंजाइना के कारण हुई थी और मार्कोनी को भी आए दिन अटैक आते रहते थे। बढ़ती उम्र, गिरता स्वास्थ्य और तनाव व उदासी के चलते मार्कोनी जीवन से निराश रहने लगे थे। स्वास्थ्य ठीक न होने के कारण अपनी कंपनियों पर भी उनका नियंत्रण ढीला पड़ने लगा था और अन्य निदेशक उन पर हावी होने लगे थे। कंपनी के अंदरूनी झगड़े बढ़ रहे थे। पहली शादी वाले परिवार से तो उन्होंने लगभग नाता तोड़ लिया था। दूसरी शादी की गर्मजोशी और प्रेम-संबंध भी ठंडे पड़ते जा रहे थे। देशभक्त मार्कोनी इटली की बिगड़ती राजनीतिक, सामाजिक स्थिति से भी खिन्न थे। शुरू में उन्हें मुसोलिनी और उनके फासीवाद से बहुत आशाएँ थीं, पर अब उनसे भी उनका मोहभंग हो गया था।

निराशा के अंधकार से घिरे व्यक्ति की जिजीविषा कम हो जाती है। मार्कोनी जैसा जिंदादिल आदमी भी अब अपनी जिंदगी से थक-हार गया था। जनवरी, 1937 में उनकी हालत बिगड़नी शुरू हुई तो फिर सुधरी नहीं। उन्हें पूर्ण विश्राम की सलाह दी गई थी जिसका उन्होंने काफी हद तक इस तरह पालन किया कि बिस्तर पर लेटने या आरामकुरसी पर बैठने के अलावा वे बहुत कम चलते-फिरते थे। इसके पीछे डॉक्टरों के आदेश का पालन इतना न था जितनी उनकी विवशता थी। शरीर अब पहले की तरह साथ नहीं दे रहा था। काम करने की कुव्वत नहीं थी। थोड़ा परिश्रम करते तो बुरी तरह थक जाते। इस दौरान उनकी जो भी थोड़ी-बहुत गतिविधियाँ रहीं, वे बहुत आवश्यक होने के कारण ही

रहीं। उन्हें बीच-बीच में एंजाइना का तेज दर्द उठता था, लेकिन डॉक्टर सँभाल लेते थे। दिन इसी तरह गुजर रहे थे, मार्कोनी समझ गए थे कि अब गिनती के दिन ही बाकी रह गए हैं। वे अक्सर अपने डॉक्टर से कहते थे कि मुझे परवाह नहीं, अब कुछ भी क्यों न हो जाए। आमतौर पर वे काफी चिड़चिड़े हो गए थे, लेकिन कई बार सारी स्थितियों से ऊपर उठकर पहले वाले पुराने मूड में आने की कोशिश करते, लेकिन जल्दी ही पस्त होकर रह जाते।

19 जुलाई, 1937 की शाम को उनकी हालत एक बार फिर अचानक बिगड़ी। डॉक्टर पोजी ने आकर देखा तो बताया कि आविष्कारक को दिल का जबरदस्त दौरा पड़ा है और हालत बहुत गंभीर है। वे तुरंत उपचार में जुट गए। मार्कोनी को उन्होंने कुछ टीके लगाए और उनके सिरहाने बैठकर हालत के सुधरने का इंतजार करने लगे। उनका दर्द और तड़पना तो उपचार से कुछ कम हुआ, पर हालत अब भी गंभीर बनी हुई थी। दूसरे विशेषज्ञ डॉक्टर फ्रूगोनी बाहर गए हुए थे, जो रोम लौटते ही रात साढ़े नौ के लगभग सीधे उनके पास पहुँचे। दोनों डॉक्टरों ने परस्पर परामर्श करके मार्कोनी को कुछ और दवाएँ दीं। मार्कोनी अपनी शैया पर लगभग अचेत पड़े थे। बीच-बीच में वे आँखें खोलते और फुसफुसाहट में अपने डॉक्टर मित्रों से कुछ बात करते। रात के साढ़े तीन बजे उनकी हालत एक बार फिर बिगड़ी और 20 जुलाई को सुबह के पौने चार बजे उन्होंने अंतिम साँस ली।

जिन रेडियो तरंगों का मार्कोनी ने आविष्कार किया था, उन्हीं के माध्यम से चंद मिनटों में ही सारी दुनिया को खबर हो गई कि महान् आविष्कारक गुगलेल्मो मार्कोनी अब इस संसार में नहीं रहे। दुनिया के कोने-कोने से उनके लिए शोक-संदेश आए और विश्व की अनेक महान् हस्तियों ने उनकी अंतिम यात्रा में भाग लेकर उन्हें अपनी श्रद्धांजलि अर्पित की। फारनेसिना के हॉल ऑफ ऑनर्स में जहाँ उनका पार्थिव शरीर रखा

गया था, श्रद्धांजलि देनेवालों का ताँता लगा रहा। जनसाधारण का सैलाब अपने हीरो के अंतिम दर्शन करने को उमड़ पड़ा था, जो पंक्तिबद्ध होकर उनके ताबूत के पास से गुजरते थे। इसी पंक्ति में उनकी पहली पत्नी बिएट्रिस भी चुपचाप शामिल हुई और उसने भरे हृदय व भीगी पलकों के साथ अपने पूर्व पति को नमन किया।

□□□